KONRAD VON WÜRZBURG

DIE LEGENDEN

I.

HERAUSGEGEBEN

VON

PAUL GEREKE

HALLE/SAALE

VERLAG VON MAX NIEMEYER

1925

Druck von C. Schulze & Co., G. m. b. H., Gräfenhainichen.

Vorwort

Mehr als zehn Jahre liegen zwischen der ursprünglichen Fertigstellung dieser Ausgabe und dem Druck. Was inzwischen an Literatur zu Konrad von Würzburg hinzugekommen ist, habe ich natürlich gewissenhaft berücksichtigt. Dem Herausgeber dieser Sammlung, Herrn Professor Dr. Baesecke, der in liebenswürdiger Weise die Korrekturen mitgelesen hat, bin ich für manchen Hinweis und Rat zu besonderem Dank verpflichtet.

Berlin-Friedenau, im März 1925.

Paul Gereke

Einleitung

Die legende, die an den im jahre 335 gestorbenen papst Silvester anknüpft, scheint im orient entstanden zu sein, hat aber ihre ausbildung zweifellos in Rom erhalten. So müssen alle vorhandenen darstellungen der sage auf einen lateinischen archetypus zurückgeführt werden. Die wichtigsten lateinischen bearbeitungen[1]) liegen vor in den rezensionen des Simeon Metaphrastes[2]), kanzlers Leos des weisen, des Mailänder druckers Boninus Mombritius[3]) (tentenziöse umarbeitung in römisch-päpstlichem sinne), und zwar einer älteren kürzeren normalfassung, der die griechischen und syrischen texte folgen, und einer durch plusstücke (namentlich in der disputationsszene und in der drachenepisode) erweiterten, und des Jacobus de Voragine[4]), der den Mombritiustext auf den vierten teil kürzt.

Aus diesen quellen fließen die uns bekannten drei poetischen mittelhochdeutschen darstellungen in

---

[1]) Vgl. anhang der Marburger dissertation (1901) G. Prochnows, Mittelhochdeutsche Silvesterlegenden und ihre quellen = ZfdPh 33, 145—212 (ohne anhang).

[2]) Lipomannus, Historiae de vitis sanctorum 1551—1560. II 211—223. — Laurentius Surius, De probatis sanctorum historiis 1581. VI 1173—1187.

[3]) Vitae sanctorum, ca. 1475, II 278c—292c.

[4]) Legenda aurea, rec. Graesse, ed. II, Lips. 1850. cap. XII, p. 70—79.

der kaiserchronik (v. 7806—10633)[1]), von Konrad von Würzburg und im Passional (III nr. 6; 2930 verse)[2]). Inhaltlich weichen diese im großen und ganzen nicht wesentlich von einander ab. Der verfasser der kaiserchronik, der seine kenntnis der sage aus den „Actus Silvestri" (gedruckt bei Mombritius) schöpft, aber die ganze Silvesterepisode vermutlich aus dem gedächtnis verfaßt hat, liefert allerdings eine ziemlich verworrene darstellung mit zahlreichen abweichungen, auslassungen, zusätzen und widersprüchen im einzelnen. Er übergeht die jugendgeschichte Silvesters und setzt wie das Passional, das der Legenda aurea folgt, die geschichte von der einschließung des drachen an den schluß, während Konrad sie als erste tat des papstes behandelt. Den hauptteil der legende, die den sieg des christentums über juden und heiden verherrlicht, bildet die disputation Silvesters mit den jüdischen gelehrten, deren zahl bei Konrad und im Passional auf 12 angegeben wird; die kaiserchronik nennt 13, von denen sich aber einer nicht an dem wortstreit beteiligt. Den vorsitz bei der disputation haben nach Konrad der kaiser Constantin, nach den beiden andern darstellungen zwei unparteiische heidnische gelehrte. Den schluß und die entscheidung des kampfes bildet die tötung des stieres durch die nennung des namens des jüdischen gottes und seine wiederbelebung durch Silvester, der Christus anruft; nur Konrad berichtet genau, auf welch geheimnisvolle weise der jude Zambri zu der kenntnis des namens gottes gekommen sei, den niemand hören kann, ohne zu sterben.

---

[1]) *Der sog. Trierer Silvester (hsg. von Kraus in Mon. Germ. Deutsche chroniken I 2. 1892) ist nach Schröder und Kraus ein sehr inkonsequenter versuch, den text der kaiserchronik nach Mombritius zu korrigieren.*

[2]) *Die darstellung im Winterteil des Heiligenlebens (1471) ist nur eine stark vergröberte prosaauflösung des textes des Passionals.*

Konrads darstellung geht, wie Prochnow im einzelnen nachgewiesen hat, auf die normalfassung des Mombritius zurück, und zwar schließt er sich an seine vorlage — sogar im wortlaut und im satzbau — auf das engste an. Verhältnismäßig selbständig ist er nur im ersten teil (v. 101—660), der die vorgeschichte bis zur drachenepisode behandelt; namentlich im schluß dieses teils faßt er sich kurz gegenüber der breite der quelle, macht aber auch einige zusätze, die entsprechungen nur bei Simeon Metaphrastes haben, also auf lückenhaftigkeit des latein. textes deuten. Der zweite teil (v. 661—853) [1]), die drachenepisode, ist wie der dritte (v. 854—2414), Constantins krankheit, heilung, taufe und die gesetze, und der vierte (v. 2415—5181), Helena und die disputation, eine sehr getreue nachbildung der vorlage.

Diese sklavische abhängigkeit von der quelle, sowie die von Janson [2]) aufgeführten stilistischen mängel der darstellung: armut an metaphern und bildern, geringer wechsel in der auswahl der schmückenden beiwörter, zahlreiche berufungen auf die heilige schrift, reichliche verwendung von flickwörtern und von bekräftigungsformeln (des reimes wegen!), die außerordentliche reimarmut, ich füge hinzu: die sich nicht über die quelle erhebende schwäche der komposition (die breite, weitschweifige darstellung der disputation!) lassen die dichtung als die älteste legende Konrads erkennen. Auch

---

[1]) Die einzige von Prochnow hervorgehobene auffällige abweichung v. 792 kerze statt catenam (Jacobus de Voragine bietet laternam), die er durch ein candelam in Konrads vorlage oder durch verlesen zu erklären sucht, muß doch wohl mit Schröder durch besserung in keten (vgl. v. 804) beseitigt werden.

[2]) G. O. Janson, Studien über die legendendichtungen Konrads v. W. Marburger dissertation 1902. S. 60—64. (rec. Schönbach, Allg. literaturbl. 12, 403—404.)

Laudans[1]*) untersuchungen, die sich auf die häufig-
keit der fremdwörter, die verwendung des suffix-
materials und auf die metrik (zahl der auftaktlosen
verse) stützen, weisen dem Silvester unter den legenden
die frühste stelle zu, unmittelbar nach den drei kleinen
novellen Herzmære, Der werlte lôn, Heinrich von
Kempten (wie wir jetzt nach Schröders neuer aus-
gabe statt Otto mit dem barte sagen wollen) oder
wenigstens in ihrer unmittelbaren nähe.*

    *Verfaßt hat Konrad die dichtung auf anregung
des herrn Liutolt von Roetenlein*[2]*), der hât ze
Basel in der stat ze deme tuome pfrüende
(v. 92 f.). Auf grund des 'Urkundenbuches der stadt
Basel' hat E. Schröder*[3]*) Pfeiffers aus den damals
vorhandenen urkundenwerken geschöpfte ergebnisse
über diesen gönner Konrads nachgeprüft. Liutolt
stammt aus der familie der edelherren von Roeteln
(schloß Rötteln oberhalb Lörrach), wurde zwischen
1258 und 1260 mitglied des domkapitels in Basel,
im spätjahr 1274 als nachfolger Peter Reichs archi-
diakon, 1288 oder 1289 dompropst, 1309 bischof
von Basel und starb 1315. Da er von Konrad mit
keinem titel belegt wird, war er also wohl zur zeit
der abfassung des Silvester noch einfacher canoni-
cus; es ergibt sich also für die dichtung als ent-
stehungszeit der raum zwischen 1258/60 und spät-
jahr 1274.*

    *Mehrfache anklänge an die Goldene schmiede,
die der Silvester in einzelnen kürzeren oder längeren
partien hat, erklären sich aus der stoffverwandt-
schaft.*

---

    [1]*) Die chronologie der werke des Konrad v. W. Diss.
Göttingen 1906.*
    [2]*) Wegen der schreibung des namens vgl. Pfeiffer
Germ. 12, 23 anm.*
    [3]*) Studien zu Konrad von Würzburg IV. V. Aus
den nachrichten von der kgl. gesellsch. der wissensch. zu
Göttingen; phil.-hist. klasse 1917.*

*Erhalten ist der Silvester in einer handschrift
der Trierer stadtbibliothek (mscr. 1990) des 13. jahr-
hunderts, die möglicherweise noch bei lebzeiten Kon-
rads aus einem in des dichters nähe entstandenen
kodex, vielleicht sogar dem original, abgeschrieben
ist[1]). Die hs. ist mittelfränkischen, wahrscheinlich
trierischen ursprungs; der schreiber hat das äußere
bild und den sprachcharakter der alemannischen
vorlage, die Konrads prosodie und metrik sehr ent-
gegenkam, mit großer treue bewahrt, so daß Schröder
die hs. eine fast ideale überlieferung Konrads nennt.*

*Die einzige ausgabe ist von W. Grimm, Göt-
tingen 1841; dazu lieferte er mit Haupt nachträge
und berichtigungen Zfda. 2 (1841), 371—380. Fer-
ner finden sich textvorschläge in den ausgaben des
Engelhard von Haupt (1844) und Joseph (1890).
G. Wolff zeigt Afda 19, 156, daß Grimms zählung
von 5220 versen irrtümlich ist; es sind 5222 verse,
da nach v. 703 ein vers ausgelassen und v. 2370
doppelt gerechnet ist. Weitere textbesserungen gibt
Schröder, der die hs. gründlich kollationiert hat.
Studien zu Konrad v. Würzburg I—III s. 13—20;
endlich habe ich selbst PBB 38, 502—506 noch
einiges nachgetragen.*

*In den anmerkungen zu dem nachfolgenden
texte, die natürlich Schröders neue kollation der
handschrift gewissenhaft berücksichtigen, sind die
orthographischen eigentümlichkeiten des schreibers,
über die Grimm und Schröder auskunft geben,
nicht aufgenommen. Vor dem gleichheitszeichen
steht die lesart unseres textes, der sich überall da
mit dem Grimmschen (G) deckt, wo er nicht durch*

---

[1]) *Stücke daraus teilte zuerst Graff, Diutiska 2 (1827),
1—39 mit. Eine beschreibung der hs. lieferte W. Grimm
in der einleitung seiner ausgabe (1841), dann aber vor
allem E. Schröder, Studien zu Konrad v. W. I—III. Aus
den nachrichten von der k. gesellschaft der wissenschaften
zu Göttingen. 1911. S. 3 ff.*

beigefügten stern (*) als konjektur des herausgebers bezeichnet ist; ebenso finden sich vor dem gleichheitszeichen die aufgenommenen besserungsvorschläge anderer, wobei H Haupt, J Joseph, Sch Schröder und B Baesecke bedeutet. Hinter dem gleichheitszeichen steht die lesart der hs., die, wenn nicht anders bemerkt, von Grimm angenommen ist; in klammern dahinter die konjekturen anderer.

Silvester

Ez bringet zweiger hande fruht
daz man die wârheit mit genuht
von götlichen mæren saget.
ez trîbet vürder und verjaget
5 den liuten swæren urdrutz
und gît dâ bî sô rîchen nutz
daz man dervon gebezzert wirt.
ein boum der bringet unde birt
ein obez und die schœnen bluot:
10 als in der selben wîse tuot
ein götlichez mære;
nütz unde vröudebære
kan ez mit ein ander wesen.
dar umbe ist harte guot gelesen
15 von guoten liuten etewaz,
die gotes rîche sunder haz
gedienet hânt vil ebene.
man vindet an ir lebene
sô rehte nütze bîschaft
20 daz man gote diensthaft
muoz werden deste harter.
swâ man ir reinen marter
und ir tugend hœret sagen,
dâ muoz ein edel herze tragen
25 vil starke bezzerunge von
und wirt der sælden vil gewon,

= 9 obez = obz. *schœnen = schœne. 12* vröudebære
vröudenb. 20* diensthaft = dienistaft (dienesthaft *G*).

daz im diu sünde ist wilde.
von guoter liute bilde
den liuten wehset allez guot.
30 des hân ich allen mînen muot
dar ûf geleit die mîne tage
daz ich von einem man gesage,
der guot und alse heilic ist
daz der vil ûz erwelte Krist
35 begie durch in besunder
sô lobelichiu wunder
daz sîn ze rehte wirt gedâht.
sîn tugent wirt ze liehte brâht
von schulden ûf der erden.
40 den edeln gotes werden
sol man erkennen gerne.
er ist ein leitesterne
und ein lieht der kristenheit.
er hât mit hôher sælekeit
45 gezieret den gelouben wol.
sîn lop durliuhtic werden sol
als ein lûter spiegelglas.
diu kristenheit zerstœret was
sô rehte vaste biz an in,
50 daz die getouften ungewin
liten von der heidenschaft:
diu machte si vil angesthaft
mit strenger marterunge.
kein offen samenunge
55 wol under in getorste wesen,
biz in den bâbest ûz erlesen
got ze trôste sante,
der in ir sorge wante
und si vil schône brâhte
60 ûz der heiden âhte

---

36 lobelichiu = lobeliche.   38 liehte = ehte.
42* leitesterne = leitsterne.   46 durliuhtic = durluhtlich.
58 marterunge = marterügen.

mit helferîcher stiure.
ez schuof der vil gehiure
daz man gote brâhte vür
nâch vil reines herzen kür
65 dienest unde werden prîs.
diu kristenheit in alle wîs
wart von im erlœset.
geblüemet und gerœset
wirt si von sîner lêre
70 sô vaste und alsô sêre
daz ir orden unde ir ê
muoz sîn erhœhet iemer mê
durch den vil hôchgelobten kouf,
daz er gezieret hât den touf
75 und in den himel ist getreten.
sô hât ein herre mich gebeten
daz ich entslieze die getât,
die sîn lîp begangen hât
um den êweclichen solt.
80 von Rœtenlein her Liutolt
der hât mit sînen gnâden
mich tumben Cuonrâden
von Wirzeburc dar ûf gewent
daz sich dar nâch mîn herze sent
85 daz ich diz buoch verrihte
und ez in tiusch getihte
bringe von latîne.
durch die bete sîne
tuon ich ez als ich beste kan.
90 der selbe tugentrîche man,
der mich hier umbe alsus erbat,
der hât ze Basel in der stat
ze deme tuome pfrüende.
dar umbe daz ez stüende

79* um = umbe, ebenso 717. 1009. 1793 *u. ö.*   93* ze
= zuo, *ebenso* 279. 563. 931. 1003. 1766. 2675. 2783 *u. ö.*
94 ez = er.

95 ze nutze werden liuten,
sô hiez er mich bediuten
diz götliche mære.
daz ist alsô gewære
daz man ez billîch unde wol
100 merken unde hœren sol.
    Ze Rôme ein witwe saz hie vor,
diu gegen himel hôhe enbor
ze gote ir reinez herze truoc.
kiusch und stæte was si gnuoc
105 und lebte kristenlîche dâ.
si was geheizen Justâ
und hæte ein liebez kint erzogen,
daz was an sælden unbetrogen,
als ich von im gelesen habe.
110 daz kint was ein vil schœner knabe
und wart genant Silvester.
ze gote stuont sîns herzen ger
und pflac vil manger hôhen tugent.
sîn klâriu werdiu siuziu jugent
115 mit êren was geblüemet sus.
ein priester hiez Cyrînus,
dem bevalh sîn muoter in
durch die sælde und den gewin
daz er in tugende lêrte
120 und im sîn herze kêrte
ûf die wâren minne gotes.
ouch nam der knappe sîns gebotes
zallen zîten gerne war
und tet mit reinem willen gar
125 swaz in tuon der priester hiez.
kein dinc er under wegen liez

101* witwe = witewe.   102* himel = himele.
105* lebte = lebete.   113* manger = maniger *und so*
immer in entsprechenden formen.   114* klâriu werdiu
süeziu = clare werde süeze.   122 sîns = sines.   124* reinem
= reinen.

daz man an kinde prîset.
er wart von im gewîset
ûf kristenlichen orden.
130 und dô daz kint was worden
starc und ein vlætic jungelinc,
seht, dô begunder sîniu dinc
dar ûf vil harte kêren
daz er nâch gotes êren
135 sîn hûs gehalten kunde,
alsô daz er begunde
enpfâhen gerne geste
und daz er in daz beste
getuon mit willen mohte gar.
140 swer kam ze sîme hûse dar
geriten oder gegangen,
der wart von in enpfangen
als ein harte lieber gast.
und swâ des guotes im gebrast
145 an süezer handelunge,
dâ bôt der reine junge
vil keiserlichen willen vür
und lie durch sînes herzen tür
vliezen alsô rîchen muot
150 daz nie dekeiner slahte guot
als edel noch sô reine wart.
sîn brôt beleip vil ungespart
vor den gernden allen,
dâ von ez was gevallen
155 bî der selben zît alsô
daz er dicke und ofte dô
vrömder geste vil gewan.
von Anthioch ein heilic man
kam in sîn hûs gestrichen,
160 der wart vil güetlichen

---

132 begunder sîniu = begunde er sine.   148 herzen
= herze.   156* er = *fehlt* (G *schaltet* er *in die nächste
zeile hinter* geste *ein*).

enpfangen unde ân allen haz.
ouch het er wol gedienet daz,
wand er was ein gotes bote
und kunde liute vil ze gote
165 wîsen unde lêren sus.
geheizen Thymotêus
was sîn heileclicher name.
lieplîch unde lobesame
enthielt in dô Silvester
170 und pflac mit reines herzen ger
des herren dâ von Anthioch.
daz stuont im angestlichen doch,
wan dô nieman durch daz reht
getorste keinen gotes kneht
175 enthalten vor der heidenschaft,
diu jâmer unde leides kraft
ûf die getouften leite
und si mit grimmekeite
durchæhten wolte bî der zît.
180 an dise nôt vil harte wît
Silvester dô vil kleine sach.
durch vorhte noch durch ungemach
liez er niht von im sînen gast:
er hielt in daz im nihtes brast
185 an guoter handelunge,
im gap der edel junge
swaz er dô guotes hæte.
aleine mit geræte
pflac sîn niht der jungelinc,
190 er lobte ouch alliu sîniu dinc
und wonte im stæteclichen mite.
in dûhte guot sîn reiner site
und alliu diu gebærde sîn.
er tet im offenlichen schîn

---

184 in daz = in da daz.   190 alliu sîniu = alle sine.
193 alliu diu = alle die u. ö.

195 daz er sîn von herzen vrô
was worden zeime gaste dô.
  Mit disen dingen unde alsus
begunde ouch Thymotêus
ze Rôme lêren gotes wort
200 und êweclicher sælden hort
der heidenschaft entsliezen.
in wolte niht verdriezen
vil süezer predigunge.
sîn ûzerweltiu zunge
205 bekêrte liute unmâzen vil
und machte grôz der engel spil
in dem paradîse vrôn.
er kunde in gotes himeltrôn
der sêlen wunder schicken
210 und manic herze entstricken
ûz starkem ungelouben.
alsus begunde er rouben
den tiufel sîner knehte
und machte si ze rehte
215 dienesthaft dem werden gote.
diz treip der süeze gotes bote
drî ganze mânod unde ein jâr,
biz daz er stille und offenbâr
gemêrte wol die kristenheit.
220 daz was den heiden alsô leit
daz si den werden viengen
und vil an im begiengen
sünden unde meines dô.
si gâben in Tarquînjô,
225 der in der stat dô rihter was
und selten in sîn herze las

---

200 êweclicher = ewenclicher, *ebenso* 335. 371. 1834.
3747. 4060. 4507.   204 ûzerweltiu *Sch* = ûzerwelte.
205 unmâzen *Sch* = unmâze, *ebenso* 1204. 4616.   209 sêlen
wunder *Sch* = sêlen ein w. (sêln ein w. *G*).   217* mânod
= *hs.* (mânôt *G*).

edeln unde reinen muot.
den herren sælic unde guot
hiez er quelen unde slahen
230 und sînes bluotes mangen trahen
vergiezen âne schulde.
durch die gotes hulde
sach man den werden tœten.
er wart nâch mangen nœten
235 des lîbes dâ beroubet:
man sluoc im ab daz houbet
mit eime scharpfen swerte.
dar umbe in Got gewerte
der himelischen wunne dort:
240 er gab im hôher sælden hort
und rîchen lôn, des bin ich wer.
des nahtes kam Silvester
zuo dem tôten lîbe dar.
er nam in tougenlichen gar
245 und truoc in heim in sînen hof.
Melchîadem den bischof
und die pfafheit von der stat
hiez er komen unde bat
zuo des herren lîche.
250 des wart dâ vlîzeclîche
gewachet bî der bâre
sô lange biz der klâre
tac erschein vil schône.
ein vrouwe hiez Theône
255 und was gesezzen in der stat,
diu gienc des morgens unde bat
den bâbest als ein sælic wîp
daz er des marteræres lîp

229* quelen (*H*) unde slahen: trahen = queln unde
slahn: trahn, *ebenso* 346.   230 sînes = sins.   235 dâ *Sch*
= hs. (dô *G*).   242 nahtes = nahte.   245 sînen = sin.
254 Ein = eine; *ebenso* 1310. 1534. 3057. 3071. 3095. 3186.
3408. 4050.

bestaten schône lieze
260 und in begraben hieze
mit hôhen êren starke
bî sante Paules sarke,
der ouch durch ganze werdekeit
in sînen garten wart geleit.
265   Der bâbest dô gewerte
die vrouwen des si gerte,
und wolte stæte ir willen haben.
er hiez den marterer begraben
bî sante Paule bî der vrist,
270 dâ von diu vrouwe, wizze Krist,
michel tugent dô begie.
mit ir koste si dâ lie
ein münster bûwen über in.
daz was an vröuden ein gewin
275 ze Rôme der getouften diet.
ir herze sich von leide schiet
und wart vil hôher wunne vol,
wan ez geviel in allen wol
daz ze sante Paulô
280 Thymotêus wart alsô
begraben, als wir hân gelesen.
er was sîn junger ê gewesen,
dâ von si dûhte michel reht
daz der vil reine gotes kneht
285 sünden unde meines vrî
sînem meister læge bî.
    Nû diz dinc alsus geschach,
Tarquînius sich dô versach,
der stete rihtære,
290 daz der marterære

268* marterer = marterære.   272 ir = irme; ir *ist
häufig in hs. adjektivisch gebraucht*: irs 561. 1062. 2122.
2413, irm 693. 2439. irme 911. 942. 2428, irem 933. 4853,
irre 4853, iren 1098. 1171. 3304. 4824.

gelâzen hæte guotes iht.
dâ von der tugentlôse wiht
vâhen hiez Silvestrum,
wand er Thymotêum
295 dâ vor enthalten hæte.
sô wânde guot geræte
der rihtær im gewinnen abe.
er dâhte er hæte guote habe
nâch sînem tôde gerbet hie.
300 dar umbe er den vil reinen vie
und leite im vür dis argen wort.
er sprach: 'dun gebest mir den hort,
den dirre meintætige man
verlâzen hât, ich lege dir an
305 den strengen und den grimmen tôt.
dû muost hie lîden grôze nôt
und dulden michel ungehabe.'
sus wolte er im erdröuwen abe
daz guot, des er niht hæte.
310 und dô der gar unstæte
mit mangem urkünde ervant
daz der getriuwe in sîner hant
noch in aller sîner pfliht
des tôten erbes hæte niht,
315 dô sprach er in des toufes an
und zêch den ûz erwelten man
daz er kristen wære.
der valsche rihtære
sprach mit zorne wider in,
320 er müeste grôzen ungewin
lîden und des tôdes pîn,
ob er an die göte sîn
sîn herze niht enkêrte
und niht ir namen êrte

301* dis = dise (disiu *G.*, diu *H*).   304 legen = lege;
die erste person des präsens ebenso 357. 359. 1478. 2693.
2835. 3354. 5023.

325 mit opfer unde mit gebete.
und als er diz gesprochen hete,
dô bôt im antwürte sâ
der reine und der vil süeze dâ.
　　Er sprach: 'vernim waz ich dir sage,
330 wilt dû niht alle dîne tage
gelouben daz der wære Krist
gotes sun von himel ist,
sô muost dû sîn verdamnet,
und wirt ûf dich gesamnet
335 sîn êweclichiu râche'.
der rede und dirre sprâche
Tarquînium vil gar verdrôz,
und wart sîn zorn dô alse grôz
daz er durch sîn unreht
340 Silvestrum, den gotes kneht,
in einen kerker legen hiez
und in zehant dar inne liez
nôt und angest dulden.
er sprach: 'dû muost von schulden
345 lîden strenge marter.
ich wil dich quelen harter
dan ie man gepînet wart.
wirt dîn opfer hie gespart
vor mînen göten ûz erlesen,
350 ez muoz dîn bitter ende wesen,
ob dû niht ir gewalte bist
undertænic alle vrist.'
　　Der rede im antwürte bôt
mit kiuschem munde rôsenrôt
355 der klâre und der vil reine.
er sprach: 'ich fürhte kleine
dîn dröuwen starc und angestlich.
ich spriche ein urteil über dich,

---

331 wære H, Sch = gewere (gwære G).　　335* êwec-
lichiu = ewencliche (êwecliche G) u. ö.　　338* dô = fehlt.
353 rede = reden, so öfter.

daz an dem êwangêliô
360 geschriben stât. ez wirt alsô
geschaffen, dû vil tumber,
daz dû des tôdes kumber
lîden muost an dirre naht.
dîn sêle wirt mit strenger maht
365 gezücket von dem lîbe dir.
geloube ân allen zwîvel mir,
dû solt noch hînt geligen tôt.
diu gar zergencliche nôt,
die dû vil dicke hâst bereit
370 der ûz erwelten kristenheit,
diu wirt dir eweclîche schîn.
dir muoz bereit ân ende sîn
grimmer nœte ein wunder,
alsô daz dû dar under
375 erkennen müezest und dâ bî
daz gotes sun von himel sî
der wâre und der vil süeze Krist,
den wir getouften alle vrist
êren unde prîsen.
380 man sol dich underwîsen
daz Thymotêus niht enwas
meintætic, wand er in las
in sîns edeln herzen muot.
daz er sîn marterlichez bluot
385 vergozzen hât durch Jêsum Krist,
daz wirt dir kunt in kurzer vrist.'
    Die rede und dise teidinc
leite für der jungelinc
dem argen tugentlôsen man.
390 und als er wart gevüeret dan
hin zuo dem kerkære,
dô gienc der rihtære

---

382 in *H* = *fehlt* (*G wollte* in *vor v. 383*).   387 teidinc
Sch = tedink (tegedinc *G*).   389* tugentlôsen = tugent-
losem.   391 dem = dẽn.

enbîzen über sînen tisch.
im wart gesetzet vür ein visch,
395 der in dâ brâhte in grôze nôt.
er wart sîn angestlicher tôt,
als ich von im gelesen habe.
in die kelen im dar abe
kam von geschihte ein starkez bein.
400 dâ von sîn wunne gar verswein
und im sîn vröude was verspart,
wand ez verkêret drinne wart
sô vaste bî der stunde
daz im kein arzât kunde
405 gehelfen noch kein zouberlist,
daz er würde bî der vrist
enbunden ûz den sorgen.
ersticken unde erworgen
begunde er an dem beine.
410 kreft unde vröuden eine
lac er zuo dem mâle
und lebte in grôzer quâle
den tac biz an die mitten naht.
dô nam sîn leben ungeslaht
415 ein ende jæmerlichen.
der tôt kam im geslichen
durch sînes valschen herzen tor,
als im gesaget hæte vor
der reine man Silvester.
420 ez was ergangen sô, daz er
durch sîne missewende erstarp
und in der selben zît verdarp,
dar inne er tet Silvestrô
mit zorne sîner smæhe drô
425 sô rehte vrevellîche erkant.
ûf einer bâre dô zehant
wart er mit grôzer ungehabe
von hûs getragen hin ze grabe.

---

425 vrevellîche = frevenliche.

Nû sîn leben sus zergienc
430 und der vil sældelôse enpfienc
den strengen und den grimmen lôn,
Melchîades, der bâbest vrôn,
und der getouften liute schar
zuo Silvestrô giengen dar
435 vür den kerkære dô.
senftes muotes unde vrô
vuorten si den reinen man
schôn unde werdeclichen dan
und kâmen heim mit im gezoget.
440 swer in durch der stete voget
beswæret iender hæte vor,
der strûchte vür in in daz hor
und viel dâ nider ûf diu knie.
er bat in sîner gnâden hie
445 und gerte sîner hulde sâ,
durch daz im niht geschæhe dâ,
als dem rihtære geschach,
an dem sich got dô swinde rach
und alsô vrömdez wunder
450 dur sînen kneht besunder
hæte an im erzeiget.
gevellet und geveiget
was er durch sîn argez leben.
Silvestrô wart daz heil gegeben
455 und diu vil hôhe sælekeit
daz im der liute gunst bereit
wart unde ir lop vil manicvalt.
nû daz er drîzic jâr was alt
in ganzer tugent worden,
460 dô trat er in den orden,
der in tet sælic iemer mêr.
Melchîades, der bâbest hêr,
begunde in selbe wîhen dô.
er wart zem êwangêliô

---

458 was *Sch* = 'fehlt.   464 zem = zum.

465 vil schône gordinieret
     und mit dem lobe gezieret,
     daz gotes êren wol gezam.
     die wirde an sich der süeze nam,
     daz von der stat diu kristenheit
470 dar nâch gemeinlichen streit
     daz si bestüende in sîner pflege,
     sô daz der sælig alle wege
     ir liutpriester solte wesen.
     er hæte an sich daz heil gelesen
475 daz er gewîhet aber wart
     und er nâch sæleclicher art
     messe dâ ze Rôme sanc.
     ûf tugent er sîn herze twanc
     als ein man der sælden gert.
480 der gnâden hete in got gewert
     daz sîn vil reiniu zunge
     sô süeze predigunge
     zallen zîten brâhte vür
     daz si nâch edels herzen kür
485 niht bezzer mohte werden.
     den liuten ûf der erden
     und gote vor in allen
     muoste wol gevallen
     diu rede und diu gebærde sîn.
490 sîn vorme und sîner varwe schîn
     diu gâben engelischen glanz.
     durnehtic was er unde ganz
     an lîbe und an gesuntheit.
     gezieret was mit süezekeit
495 sîn sprâche als ein geblüemet wise.
     er was an hôhem râte ein rise,

---

465 gordinieret = geordinieret.   476 sæleclicher
= selekliche.   478 Ûf = vffe, *ebenso* 501.   481* reiniu
= reine.   483 zallen *Sch* = ze allen; *ebenso* 1077.
491 Diu = die, *so öfter*.

an kranken witzen ein getwerc.
gar heilic wâren sîniu werc
und sîn geloube kristenlich.
500 waz hülfe ob ich nû lange mich
vlizze ûf sînen werden prîs?
kein zunge ist alsô rehte wîs,
diu ze sîme lobe tüge,
alsô daz si durgründen müge
505 die tugent und die sælekeit,
der ein wunder was geleit
an sîn vil heileclichez leben.
ich wil dem lobe ein ende geben
und wil entsliezen die getât,
510 dâ mit er sich gewirdet hât
in himel unde ûf erden.
man sach den gotes werden
ze sælden kêren sîniu dinc.
diz treip der kiusche jungelinc
515 sô lange biz der bâbest vrôn
Melchîades vil rîchen lôn
enpfienc nâch disem lebene
und in den himel ebene
sîn heilic sêle tugentsam
520 vür gotes angesihte kam.
    Nû daz der herre tôt gelac
und man sich vil dar ûf gewac
daz würde ein ander bâbest guot,
dô kam in allen in den muot,
525 an den dô lac des stuoles wal,
daz si ze bâbest über al
den herren næmen alzehant,
der Silvester was genant
und alsô manger tugende wielt.
530 wand er sich kristenlichen hielt

520* angesihte, *so auch H und Sch* = hs. (angesiht *G*).
526 bâbest *Sch* = bâbste.

und alsô rehte sælic was,
sô kôs in schiere ûz unde las
daz volc gemeine von der stift.
im gap diu sælde ir hantgift
535 und wart sîn heil sô manicvalt
daz pfaffen leien junc und alt
dar nâch begunden schrîen
daz man den wandels vrîen
zeime geistlichen vater
540 in gæbe. zwâre des enbater
niht, wand erz ungerne wart.
in lêrte sîn vil sælic art
und sîn gar heiligiu tugent
daz der vil süeze sîne jugent
545 in allen vür gemeine zôch,
und sprach ern wære niht sô hôch
an alter unde an witzen
daz er den stuol besitzen
nâch sînem rehte kunde.
550 er bat daz man im gunde
daz er mite den gewalt
vil grôz und alsô manicvalt.
ie mê der guote des gebat
die liute von der werden stat,
555 sô si geriefen, deste mêr
daz ambet heilic unde hêr
gezæme wol in sîner hant,
und wære schône an im bewant
der stuol und al sîn werdekeit.
560 hie mite man in überstreit,
daz er volget ir gebotes
und von der hôhen günste gotes
wart ze bâbest ûz genomen.
sus was er zuo der wirde komen,

---

542 sælic *Sch* = heilic.   543* heiligiu = heilige.
556 ambet = ammēt.

565 diu sîme namen schône stuont.
alsam die sældenrîchen tuont,
sus tet der ûz erwelte man:
sîn herze ûf gotes minne bran
und wolte sich erbarmen
570 über mangen armen,
der sîner helfe ruochte.
swer gnâde an im dô suochte,
der vant si vollecliche.
der süeze tugentrîche
575 kunde wol geschaffen
daz leien unde pfaffen
wart vil guot gerihte schîn.
er hæte in deme schirme sîn
diu gotes hiuser alle
580 und lebte nâch gevalle
den liuten und dem werden gote.
swaz der vil hêre zwelfbote
sante Pêter ûf geleit
het in der reinen kristenheit,
585 daz hielt er allez stæte.
mit rede und mit getæte
wart Rôme nie berihtet baz
dan under im, wand er besaz
ân alle missewende
590 den stuol biz an sîn ende
und lebte sunder itewîz.
ûf tugent leit er sînen vlîz
als ein getriuwer gotes kneht.
ez wurden von im elliu reht
595 gesetzet ûf zem êrsten.
den tiursten und den hêrsten

566* sældenrîchen = -rîche.   568 minne = minnen.
571 helfe = helfen, *ebenso* 756. 1261. 2540. 3252. 4774. 4903.
572 gnâde *Sch* = genâde.   dô = da.   573 vollecliche
= voillencliche.   578 deme *H, Sch* = dem.   594 elliu
= elle, *ebenso* 1429. 1533.

ir leben schuof er unde gap,
daz er nâch êren underwap
mit süezer rede niht ze sûr.
600 der ritter unde der gebûr
und aller hande liute,
die hânt ir reht noch hiute
als ez von im wart ûf geleit.
waz touc hie lange von geseit?
605 er was nâch wunsche vollekomen
und hæte gar an sich genomen
swâ mite ein bâbest werden
mac heilic ûf der erden.
　　Sîn reiniu süeziu lêre
610 begunde sterken sêre
kristenlichen orden.
er was sô sælic worden,
daz sîn predigunge
vil grôze samenunge
615 von liuten vür in brâhte.
sîn heilic herze erdâhte
mangen lobelichen site,
dâ schône wart gebluomet mite
diu reine kristenheit zehant.
620 colobium hiez ein gewant
daz man ê zer messe truoc,
daz dûhte in widerzæme gnuoc,
wand ez der arme dahte niht.
dâ von gebôt er, sô man giht,
625 daz vür daz wandelbære kleit,
würde ein anderz an geleit,
daz ist genant dalmaticâ;
ez wirt ze Rôme und anderswâ
vor gotes alter noch getragen.
630 ich wil iu nemelichen sagen

609* reiniu süeziu = reine süeze.　　621 messe = messen.
623 arme = armen, *ebenso* 1281. 1444. 1990.

daz der vil reine bâbest hêr
ûf leite guoter dinge mêr
dan ich gesagen künne.
ze lobe und zeiner wünne
635 dem edeln und dem werden gote
schuof er ouch mit sîme gebote
daz man durch die wâren schult
noch vîret hôher liute dult,
die sælic unde heilic sint.
640 er hât diu reinen gotes kint
in vil ganzen prîs geleit
und hât in von ir werdekeit
êren niht gebrochen.
den tagen in der wochen
645 gab er ouch hier under
ir namen dô besunder
und schuof mit sîner lêre
daz iegelicher sêre
nâch sînem rehte gêret wirt.
650 swaz man dem sunnuntage birt
lobes unde wirdekeit,
daz wart ouch von im ûf geleit
und manic ander heilic dinc,
dâ von der sælden ursprinc
655 ûf stuont der kristenheite sît.
er tet vil dinge bî der zît
der ich nicht aller mac gesagen.
daz kleine wil ich iu verdagen
und daz grôze künden hie
660 daz er mit sîner tugent begie.
　　Ein berc der hiez Tarpêiô,
dar inne wonte ein trache dô,
der grœste, den man ie gesach,
wand er dar inne sîn gemach
665 und guot geniste hæte.
vünf unde sehzic græte

_____

658 ich = _fehlt._　　665 guot geniste = guote genist.

und drî hundert wâren drîn
zuo dem tiefen grunde sîn
gehouwen durch den herten stein.
670 im wurden müede sîniu bein,
swer dar în solte stîgen:
in dûhte daz er sîgen
zuo der helle müeste.
in dirre tiefen wüeste
675 lac der trache mære.
nû wâren zouberære
gnuoge in deme lande,
die triben manger hande
lüppe und aller slahte list,
680 dâ mite si den werden Krist
betriegen lîhte wânden.
zeimâl in dem mânden
worhten si des tiuvels werc,
wand ein kapitel ûf den berc
685 hæten si genomen gar
und brâhten alle ir opfer dar
dem angestlichen trachen,
durch daz si dâ gemachen
ir zouber kunden deste baz.
690 swaz er die vier wochen az,
daz brâhten si mit in dar în.
alsus muost er gevuoret sîn
von ir opfer alle wege.
er hæte diz in sîner pflege
695 daz er ûf enrihte
ze berge von geschihte
dicke schôz biz an daz loch.
und swie der ungehiure doch
niemer kæme vür daz hol,
700 sô kunde er doch entreinen wol

677* gnuoge = genuoc.   699 vür *Sch* = über.

den luft mit sîme smacke.
der angestliche tracke
lie von sînem munde
vliegen alle stunde
705 sô rehte mortlichen tampf,
daz manger sich dar umbe rampf,
der in der stat ze Rôme saz.
geloubent endelîche daz,
ez starp von deme smacke sîn
710 vil manic kleine kindelîn
unde ouch alter liute gnuoc,
dâ von diu stat gemeine truoc
vil angestlicher swære dô.
nû stuont ez bî der zît alsô
715 daz in der stat diu heidenschaft
und der bâbest tugenthaft
um den gelouben hæten strît
und krieges pflâgen bî der zît
umbe ir zweiger orden.
720 zwei teil dâ wâren worden
und hæten sich gescheiden
die kristen von den heiden
in zorne bî der selben vrist.
dâ von die heiden, wizze Krist,
725 sprâchen zuo Silvestrô
vil gemeinlîche alsô:
'ganc zuo dem trachen dort hin abe
und schicke daz er ûf enthabe
an dirre slahte vreislich,
730 alsô daz er erloube sich
des mordes, den er hie begât
an menschlicher hantgetât.

---

701 f. smacke: tracke *Sch* = gesmache: trache.   704 *fehlt
bei G, von Wolff AfdA 19, 156 aus hs. nachgetragen.*   705
rehte = rehten.   709 deme smacke *Sch* = dem smache.
725. 727 zuo = ze, *öfters*.   726 gemeinlîche = gemein-
lichen.   730* erloube = verloube (*Sch*, verlobe *G*).

sô gelouben wir zehant
daz dîn herre, Krist genant,
735 hât götlicher tugende vil
und er tuot allez daz er wil,
in himel unde ûf erde.'
der rede gap der werde
bâbest im antwürte dô
740 und sprach gezogenlîche alsô:
'Mîn herre, der vil süeze Krist,
der sælden vol und êren ist,
der sol bewæren sîne kraft
und sîner tugende meisterschaft
745 an dirre sache erzeigen,
alsô daz er den veigen
trachen überstrîte noch.
vil kleine daz vervâhet doch
daz er in überwindet:
750 iuwer ungeloube vindet
ein ander widerwertekeit,
diu sîner reinen gotheit
und sîner hôhen êre
muoz missevallen sêre.
755 dur daz ich aber in gevrume
und iu mîn rât ze helfe kume,
sô bite ich gerne mînen got
daz iuch geruoche sîn gebot
von dirre nôt erledigen'.
760   Alsus begunde predigen
der bâbest heilic unde riet
daz diu kristenliche diet
vasten solte drî tage
und daz si dâ mit hôher klage
765 an ir gebete ruochte ligen
dar umbe daz si got gesigen

---

737 erde = erden.   750 iuwer (*H wollte* iur; *dageg.*
Wolf z. E. 382).   755 *In hs. absatz.*   756 mîn rât *H*
= mit rât.   760 *In hs. kein absatz.*   763 drî = drie,
ebenso 1546. 1647.

an dem trachen hieze
und sîne tugent lieze
vil offenlîche erschînen
770 den heiden und den sînen.
　　Nû daz ir vaste lobesam
und ir gebet ein ende nam,
ir trûren schiere dô verswein,
wan Silvestrô dem erschein
775 der apostel Pêtrus
und sprach dâ wider in alsus:
'nim zuo dir Felicissimum
und vüere ouch Dyonîsium,
Thêôdorus dâ mite sî.
780 die reinen priester alle drî
lâ kêren dan mit dir alsus.
Român und Hônorâtus,
die diâken beide sint,
die nim ouch zuo dir unde erwint
785 lange an dirre verte niht.
ganc zuo dem berge, dâ man giht
dar inne sî der trache noch,
und ê dû kêrest in daz loch,
sô brinc dar gote daz opfer dîn.
790 dar nâch vil schiere ganc dar în
sorgen unde vorhten blôz.
ein keten michel unde grôz
werde mit dar în getragen.
vernim waz ich dir welle sagen,
795 ein veste gaden vindest dû
dâ niden in dem berge nû,
dar inne lît der serpant.
in gotes namen alzehant

776* dâ = hs (dô G).　　780 reinen=reine.　　787* Dar
= da.　　791* vorhten = hs. (vorhte G in fußnote und Sch;
vgl 1232).　　792 keten Sch (vgl. Prochnow ZfdPh 33, 154)
=kerzen (kerze G).　　793* dar=fehlt (H iu).　　795* gaden
= hs. (gadem G), ebenso 1550.

ân alle vorhte ganc dar vür.
800 von êre sint dar an zwô tür,
dâ ringe sint gegozzen în,
bî den dû mit der hende dîn
die tür geswinde ziuch her zuo.
die keten durch die ringe tuo
805 vil gæhes unde sprich alsus:
"der apostel Pêtrus
hât gesprochen, dise tür
werden niemer hinnan vür
entslozzen mêr noch ûf getân
810 ê got wil anz gerihte gân
an der jungestlichen vrist."
und sô von dir beslozzen ist,
sô lâ den slüzzel werden
verborgen in der erden.'
815   Der bâbest wart der rede vrô
und tet vil harte gerne dô
daz sante Pêter im gebôt.
er wolt erlœsen ûzer nôt
die stat mit reinem willen gar.
820 der ungetouften heiden schar
hæten gerne erschrecket in
und dâhten daz er niemer hin
getörste kumen in daz hol.
nû was eht er sô rehte wol
825 gesterket von der gotes kraft
daz er vil harte unangesthaft
gienc dar nider in den berc
und drinne ganzer tugende werc
mit hôhem vlîze worhte.
830 er tet ân alle vorhte
daz im geboten hæte
der zwelfbote stæte,

805* gæhes = gehis (gâhes *G*).   819* reinem
= reinen.   826 er = *fehlt.*   829* hôhem = hohen.

als ich dâ vorne hân geseit.
diu stat vil edel unde breit
835 wart von im erlœset.
geblüemet und gerœset
mit lobe wart sîn hôher name
und ouch der reine Krist alsame,
der sô michel wunder
840 schuof durch in besunder
beide stille und offenbâr.
dar nâch wol über zwei jâr
des trachen dienestliute,
dô si vil gar ze diute
845 vernâmen und ervunden
daz er was überwunden
und alsô lac verrigelet,
dô wart ir muot versigelet
mit kristenlichem orden.
850 si wâren schiere worden
geloubic an den wæren got.
si wolten leisten sîn gebot
und werden algelîche dô
getoufet von Silvestrô.
855   In der zît, dô diz geschach,
daz man tuon diu zeichen sach
durch sînen kneht den werden got,
dô was von Rôme ein starc gebot
ûz gegangen und geflogen,
860 daz man die kristen wol gezogen
solte gar durchæhten.
man twanc si daz si bræhten
den abgöten prîsant
und opfer gæben alzehant
865 dem tiuvel von der helle.
durch diz ungevelle

---

833 vorne = vorn.   850 schiere = schier.   851 wæren
H, Sch = gewæren (gwæren G)   853* algelîche = alle
gelîche, *ebenso* 991. 1045. 2372. 4875.   865* dem = deme,
so öfter.

was von Rôme entwichen
still unde tougenlichen
der bâbest guot Silvester.
870 die sîne kappelâne und er
hæten sich verborgen.
mit jâmer und mit sorgen
begriffen si dô wâren.
ez lebte bî den jâren
875 der rîche keiser Constantîn
und hete in dem gewalte sîn
den scepter und die krône.
diu lant diu wâren schône
gar undertænic sîner kraft,
880 doch was er ungeloubhaft
und streit vil sêre wider gote.
er hæte dô mit sîme gebote
verderbet vil der kristen,
ern wolte keinen vristen
885 der an got geloubte.
des lîbes er beroubte
getoufter liute ein wunder
und leite an si dar under
vil marterlicher quâle.
890 des kêrte zuo dem mâle
got ûf in die râche sîn.
er tet an im vil harte schîn
daz er ie was gewaltic
und daz vil manicvaltic
895 ist sîn êre und sîn genuht.
er sluoc in mit der miselsuht
dur sîne bitterlichen art,
sô daz er ûzsetzic wart
und amme lîbe wart entstalt.
900 des wart betrüebet sîn gewalt
und al sîn keiserlicher ruom.
nû daz im nie kein arzentuom

---

902 im = in. nie *Sch* = *fehlt*.

noch keiner hande zouberlist
gehelfen kunde der genist,
905 dô kam ez und ergienc alsô
daz von dem kapitôliô
die meister im dô rieten,
ob er sich wolte nieten
gesundes lîbes gerne sâ,
910 daz ein piscîne würde dâ
gemachet in ir hûse wît
und man die vulte bî der zît
der kleinen kinde bluotes,
diu lîbes unde muotes
915 noch wæren unbewollen,
und sô man des envollen
gegüzze in die piscînen,
sô möhte wol verswînen
dâ von sîn herzeclichiu nôt.
920 in daz bluot heiz unde rôt
solt er sitzen danne bar;
alsô würd er generet gar
von sîner grôzen siecheit
und von der ûzsetzekeit,
925 diu mit der sorgen laste
in twanc sô rehte vaste.
  Nû daz der rât im wart gegeben
umb die genist und um sîn leben,
dô sante er in daz lant sîn
930 und hiez driu tûsent kindelîn
ze Rôme bringen in die stat
dar umbe daz im würde ein bat
gemachet ûz ir bluote dô.
zuo dem kapitôliô

---

913 kleinen = kleine.   914 Diu = die.   916* en-
vollen *B* = ein vollen (den v. *H*).   919* herzeclichiu
= herzencliche (herzenliche *G*); *vgl.* 1013.   928 um die
genist und um sîn leben *H* = vmbe d. g. u. vmbe sin lebē
(umbe d. g. u. umbez l. *G*).   928 lant sîn *wollten G und H*
ändern in rîche sîn; *dageg. Wolff AfdA.* 13, 239.

935 brâhte man die jungen schar,
dâ wurdens aller sünden bar
gevüeret und gantwürtet în.
man bevalh diu reinen kindelîn
der meisterschefte von der stift.
940 daz was an vröuden ein vergift
vil mangem schœnen wîbe,
diu jâmer an ir lîbe
umbe ir liebez kint begie,
daz man nû solte sterben hie.
945   Nû diu zît was zuo gesigen
dar an ir marter solte ligen,
her nider kam vil schiere dô
zuo dem kapitôliô
Constantîn der keiser.
950 ˙sîn herze an vröuden heiser
unde an hôhem muote was.
er wart ûz sînem palas
gevüeret in die rîchen stat,
dar umbe daz er im daz bat
955 schiere machen lieze
und er verrêren hieze
der schuldelôsen kinde bluot.
und dô der künic ungemuot
vür den sal gevüeret wart,
960 seht dô begunde im ûf der vart
ein hêr von wîben gegen zogen,
der muot an vröuden was betrogen
unde an hôher wünne gar.
ir was sô vil in einer schar
965 daz man ir mohte niht gezeln.
vast unde jæmerlîche queln
sach man sich die vil armen.
die liute wol erbarmen

---

938 *wollte* H reinen *streichen.*   951 an hôhem muote
= ane hohen muot.   958 künic = kuninc; *ebenso* 1002.
1273. 1493. 4394.

ir strengen swære mohten.
970 zervüeret unde enpflohten
hetens alle ir valwez hâr.
ir brüste lûter unde klâr
stuonden ouch endecket,
enblœzet unde enblecket
975 ir sîten wâren unde ir lîp.
diu selben vröudelôsen wîp
ir liehten hende wunden
und guzzen an den stunden
mangen bitterlichen trahen:
980 man sach si netzen unde twahen
ir rœselehten wangen.
si kâmen her gegangen
schrîend unde ruofende,
klagendunde wuofende
985 vielens alle nider hie
vür den keiser ûf diu knie.
ir jæmerlich gebærde
und ir vil grôz beswærde
wâren alsô manicvalt
990 daz dâ beide junc und alt
erschrâken algelîche.
Constantîn der rîche
ze sînem ingesinde sprach:
'entsliezent mir diz ungemach,
995 daz dise vrouwen twinget.
wes vihtet unde ringet
in leide ir minneclicher lîp?
wer war diu wünneclichen wîp,
daz di gebârent sich alsô?'
1000 'herre', sprach ir einer dô,
'ez sint der kinde muoter,
diu, rîcher künec guoter,

---

987 jæmerlich = iemerliche.   988 grôz = groze.
998 war *Wolff AfdA 13, 239* = *fehlt* (*G ergänzt* twanc).

ze dîner arzenîe tügen
und dich vil wol gereinen mügen
1005 von dîner grôzen siecheit.
die guoten vrouwen ungemeit,
die dise klage erscheinent,
die trûrent unde weinent
um der kleinen kinde tôt.
1010 ir bluot vil edel unde rôt,
daz hie durch dich verrêret wirt,
daz gît in allen unde birt
vil herzeclicher swære.'
der keiser von dem mære
1015 erschrac in sînem herzen
und liez der kinde smerzen
vil sêre sich erbarmen.
er dâhte: 'owê mir armen,
wie kan mîn iemer werden rât!
1020 gestat ich dirre meintât
daz man diz bluot vergiezen sol,
ich weiz ân allen zwîvel wol,
sô vil hie kinde wirt erslagen,
daz ich sô mange schulde tragen
1025 muoz vor gotes ougen.'
sus vlôz im âne lougen
diu sælde in sînes herzen grunt
daz in vil sêre bî der stunt
der missetât bevilte.
1030 diu keiserliche milte
der rœmischen hêrschaft
wart volleclîche sigehaft
an der grimmekeite dô,
die von dem kapitôliô
1035 die meister hæten vunden.
vil heize bî den stunden

1031 rœmischen = Romschen.   1032* Wart = war
(was G).

Konrad v. Würzburg, Die Legenden I.   3

begunde weinen Constantîn:
diu keiserlichen ougen sîn
von rehter milte wurden naz.
1040 den wagen, ûfe dem er saz,
hiez er balde stille stân.
er rief, als ich gelesen hân,
al der ritterschefte dar
und sprach erbarmeclichen gar:
1045 'Ir herren algelîche,
die bî gestânt dem rîche,
durch got vernement mîniu wort:
wird unde ganzer sælden hort
und swaz man lobes niuzet,
1050 daz wehset unde vliuzet
von hôher milte brunnen.
sît nû von ir gewunnen
sô rehte manic sælde wirt
unde ir kraft vil êren birt
1055 eim iegelichen manne,
durch waz enmache ich danne
mich lûter mit der milte niht
und reine mich vor der geschiht
diu disen kinden sol geschehen?
1060 war umbe lâze ich mich niht sehen
sô rehte miltes muotes
daz ich ir kiuschen bluotes
unschuldic hiute werde?
sol ich ûf der erde
1065 durch daz verwirken al mîn heil
daz ich in hôher sælden teil
gewinne, daz ist tumplich.
vil schône ich des versinne mich,
ob ich si verderbe,
1070 daz ich mich selben sterbe

1040 ûfe *H, Sch* = ûf. 1064 der = *hs.* (*Sch* diser).
erde = erden. 1066 in *Sch* = *hs.* (nie *G*).

und ich in vröude hân gegeben.
heiz ich in nemen hie daz leben,
sô bin ich êweclîche tôt.
mir selben prüev ich grôze nôt
1075 und gib in sælden vil dâ mite.
nû was doch ie mîn rehter site
daz ich zallen zîten
in stürmen unde in strîten
ie den jungsten vride bar.
1080 mîn kraft in aller mîner schar
gebôt daz unde lêrte
daz nieman dâ enrêrte
der kinde bluotes einen trahen.
ich hiez im ab sîn houbet slahen
1085 swer ein kint ze tôde sluoc.
ich hæte daz geboten gnuoc
daz kein swert beruorte die
den noch an dem barte nie
was entsprungen hâres grane;
1090 den jungen hiez ich legen ane
mit wâfen keiner hande leit.
sît ich nû die gewonheit
an den vînden stæte liez
und ich ir kint niht sterben hiez,
1095 ir herren, seht, sô dunket mich
vil ûzer mâzen billich
daz ich an den mînen
und an ir kindelînen
den site ouch stæte halte
1100 und ich an mîme gewalte
vrevel selbe niht begê.
jô würde ich an mîn selbes ê
schuldic, ob ich tæte
daz ich verboten hæte.

1078 in strîten *Sch* = an str.   1079 jungsten vride
= iungestē friden.   1102 Jô = *hs.* (sô *G*): *ebenso* 1156.
Nach 1104 *in hs. absatz, ebenso* nach 1116. 1140. 1158.

1105 ich, der mit mîner starken hant
hân überwunden elliu lant,
müeste nû gevangen sîn
von der gewizzenheite mîn,
würb ich anders danne mir
1110 nû riete mînes herzen gir.
waz hülfe daz mîn hêrschaft
wær ofte worden sigehaft
an vrömdem volke ûf erden,
ob ich nû solte werden
1115 an mir selben überstriten
von grimmen und von argen siten?
daz man diu lant betwinget,
daz vüeget unde bringet
der manicvalten liute kraft:
1120 daz man wirt aber sigehaft
an schanden unde an missetât,
daz vüeget hôher tugende rât
und reiner site lêre.
ich hân gestriten sêre
1125 und bin ouch in den strîten
vil sterker zallen zîten
gesîn dann ander liute.
sô wirde ich aber hiute
sterker danne ich selbe sî,
1130 gestât mir hie diu sælde bî
daz ich mir selben angesige
und ich sô vester sinne pflige
daz ich dem argen willen mîn
widerwertic mac gesîn,
1135 alsô daz ich in von mir jage.
swaz mîn herze dise tage

1105 starken *Sch = fehlt* (*H ergänzte* ich *hinter* der, *was Sch für möglich hält*). 1112 ofte *H*, *Sch* = dicke (*G will nach ZfdA 2, 371 ebenso wie Wolff z. Halb. Bir 111 lesen* wær dicke). 1115 selben = selbir, *ebenso* 1131. 1152. 4319. 1123 site = siten. 1128 ich aber = aber ich noch. · 1129 selbe = selber.

unrâtbærlichen hât gegert,
daz sol ich, hôher künic wert,
nâch nutze und ouch nâch râte
1140 verwâzen nû vil drâte.
nû wie kan aber daz geschehen?
dâ sol ich hiute an got hie sehen,
alsô daz ich den willen sîn
setze gein dem willen mîn
1145 und den lâze strîten
vil sêre an disen zîten
wider mînes herzen gir.
gesiget gotes wille an mir,
sô trage ich doch die sigenuft,
1150 wand ich vil strenger sünden guft
mit senften und mit süezen siten
hab an mir selben überstriten.
ich sol mich lâzen twingen
die milte an disen dingen
1155 und sol ir eigen werden.
jô mac ich ûf der erden
ein sigenufter heizen
der dinge in allen kreizen.
swer ein kneht der milte wirt
1160 und ir getriuwen dienest birt,
der ist ein herre mit gewalt
aller tugende manicvalt.
hie sol ich nû gedenken zuo,
alsô daz ich den kinden tuo
1165 milt unde erbarmunge schîn
und ich mit dem gebote mîn
ir reines bluotes iht verschüte.'
    Sus seit man uns daz er gebüte
daz man diu kint dâ lieze leben.
1170 er hiez si balde wider geben

1144* gein = gegen.   1149* die = den.   1168 *In*
hs. kein absatz.

ir muotern unde ir ammen.
von rehter güete vlammen
sîn herze wart enzündet
und al sîn muot durchgründet
1175 mit ganzer milte viure.
diu bitterliche siure,
der ê die vrouwen pflâgen,
dô si vil trûric lâgen,
diu wart nû gar dâ hin geleit
1180 mit der vil senften süezekeit
daz in diu kint dâ wurden wider.
al ir sorge lac dar nider
und wart in hôhiu vröude schîn.
der rîche keiser Constantîn
1185 liez den wec belîben dô
zuo dem kapitôliô
und îlte ûf sînen palas.
swaz dâ kleiner kinde was,
diu wurden heim von im gesant
1190 mit hôhen vröuden in diu lant
dar ûz si wâren komen dar.
rîlîch unde schône gar
liez er sîn êre schouwen
und gap den vrömden vrouwen
1195 niht diu kint aleine wider:
er hiez vil guotes teilen sider
under die getriuwen schar.
die vil trûric kâmen dar,
die kêrten heim ze lande
1200 in vröuden manger hande.
Nû dirre tac ein ende nam
und der keiser tugentsam
ze naht in sînem bette entslief,
dô wart sîn vröude unmâzen tief,
1205 wand im ein sælic troum erschein,
dâ von sîn trûren gar verswein

1201* dirre = der (daz der *Sch*).

und er vil hôhen muot gewan.
vür in kâmen zwêne man,
die sprâchen wider in alsus:
1210 'wir sîn Pêter unde Paulus,
die zwêne gotes trûten.
ze heile muoz erlûten
unser heilic name dir.
dû solt nâch dînes herzen gir
1215 von uns gereinet werden.
wir sîn her ûf dis erden
ze dir gesant von Kriste nû.
daz sô milte wære dû
und alsô tugentrîch gemuot
1220 daz dû der kleinen kinde bluot
niht woltes lân vergiezen,
des sol dîn lîp geniezen
an disem grôzen siechtagen.
vernim waz wir dir wellen sagen
1225 und tuo daz unser wille ger.
der guote man Silvester,
der hie ze Rôme bâbest ist,
der hât vil harte lange vrist
entsezzen dîne grimmekeit.
1230 er und al sîn pfafheit
verborgen sint in eime hol.
vorhten unde leides vol
ligent si dar inne.
dâ von dû dich versinne
1235 und heiz den bâbest zuo dir komen,
sô wirt dir gar von im benomen
dîn herzeclîchiu swære.
der süeze und der gewære
lœset dich von pîne.
1240 ein gruobe und ein piscîne

1220 kleinen = cleine.　　1223 disem *Sch* = disen.
1230 al = alle.　　1232 vorhten (*plural!*) unde leides = *hs.*
(vorhte u. l. *G in fußnote*, leides unde vorhte *Sch*).
1237* herzeclichiu = herzecliche.

der êweclichen gotheit
wird dir gezeiget und bereit
von dem getriuwen manne.
dar inne wirst dû danne
1245 gereinet von der swære dîn.
swenn er gestœzet dich dar în
nâch ein ander drî stunt,
sô wirt dîn siecher lîp gesunt
und werdent dir verbunden
1250 der miselsühte wunden.
und sô diu sælde dir geschiht
daz man dich sus gereinet siht,
sô danke der genâden gote
und nîc vil tiefe sîme gebote,
1255 daz dich sîn götlichiu kraft
und sîner tugende meisterschaft
leides hât gemachet vrî.
und swaz in dînem rîche sî
der kristenheit zerstœret nû,
1260 daz solt vil harte schiere dû
mit helfe widerbringen,
und lâ niht vürbaz twingen
die getouften gotes knehte.
dû mache dich ze rehte
1265 lûter unde reine
vor dem vil starken meine
der an den abgöten lît.
geloube ân allen widerstrît
an Jêsum Krist der megde sun.
1270 mit guotem willen êre dun,
sô mahtû sælic werden
in himel unde ûf erden.'
  Der künic was der lêre vrô,
und als er ûz dem slâfe dô

1275 vil sanfte was erwachet,
   ûf hæte er sich gemachet
   dô vil harte schiere.
   der edel und der ziere
   keiser willeclîche tete
1280 swaz im geboten an der stete
   die zwêne apostel hæten.
   nâch ir beider ræten
   sante er sîne boten hin
   ûf den berc Sêraptin,
1285 ûf dem was dô Silvester
   und wonte, des bin ich sîn wer,
   ûf eins getouften acker.
   ze gotes dienste wacker
   was der vil ûz erwelte.
1290 sîn leben er dâ quelte
   mit vasten unde mit gebete,
   wand er mit sînen pfaffen hete
   vor Constantîne dar gevlohen.
   alsam ein vuohs und ouch die vohen
1295 sich bergent vor den hunden,
   sus hæte bî den stunden
   verborgen sich der reine
   vor dem vil starken meine
   der an der kristenheit geschach.
1300 nû daz er die boten sach
   komen zuo dem berge dar,
   dô wânde er âne zwîvel gar
   sîn tôt begunde nâhen,
   und daz er solte enphâhen
1305 vil marterlicher quâle.
   dar umbe er zuo dem mâle
   sich kêrte zuo den pfaffen sîn.
   er sprach: 'getriuwen bruoder mîn,

1293 gevlohen = geflogen.   1305 marterlicher =
matyrliche.   1306 er = *fehlt*.

daz ir iemer sælic sît!
1310 uns nâhet ein genæmiu zît,
und ist des heiles tac uns komen,
der mac uns allen wol gevromen
ze manicvalter sælekeit.
swaz uns diu schrift hât vür geleit,
1315 daz suln wir vollebringen
mit rîlichen dingen
und mit werken lobelich.
got unser herre der hât sich
gezogen ûf dis erden
1320 und wil eht aber werden
wonhaft bî den liuten.
swer in welle triuten
unde im gerne volge nâch,
dem si dar zuo vil harte gâch
1325 daz er sîn selbes lougen
beid offen unde tougen
und sînem willen widersage.
sîn kriuce ûf heber unde trage
dur got vil marterlichen pîn,
1330 als er durch den willen sîn
geliten hât vil strenge nôt.
er volge im nâch biz in den tôt:
dar umbe wirt im dort gegeben
vröud und daz êwecliche leben.'
1335   Nû daz er diz gesprochen het
und dô sîn heileclich gebet
het ein ende dâ genomen,
dô wâren ouch die boten komen
und tâten im diu mære kunt
1340 daz er vil drâte bî der stunt
ze Constantîne kêrte.
dâ von der wol gelêrte

1310* genæmiu = genæme.   1315 vollebringen
= vollenbringen.   1335 f. het : gebet = hete : gebete,
ebenso 1785 f.

gap den pfaffen sînen segen
und bat ir gotes vride enpflegen
1345 und kêrte gegen Rôme dan.
mit dem vil ûz erwelten man
giengen drîzic priester hin,
vünf diâken under in
kêrten ouch ûf sîne vart.
1350 ir wunsch und ir gemüete wart
gestellet bî der zît alsô
daz si vil gerne hæten dô
mit im die marterunge erliten,
wan si gemeine dar nâch striten
1355 daz si mit dem vil hêren
sich wolten lân versêren
vil lieber dan si wæren
in wirtscheft unde enbæren
sîner klâren angesiht.
1360 er was sô reine, daz man giht,
und alsô tugentrîch gemuot
daz er die kapellâne guot
liep hæte sam daz leben sîn.
alsam ein henne ir hüenlîn
1365 ziuhet unde briutet,
sus hæte er si behüetet
mit sîner minneclichen pflege.
daz beste lêrte er alle wege
die süezen und die klâren,
1370 dâ von si trûric wâren
durch sîne leiden hinevart.
ir herze gar betrüebet wart,
wan si versâhen sich des wol,
er solte marterliche dol
1375 lîden unde dulden
von Constantînes schulden.

1344 enpflegen = enplegen (pflegen *Sch*).   1354 * Wan
= wande.   1360 reine = reinen.   1367 minneclichen
Sch = minneclicher.

Nû daz der bâbest lobesam
ze Rôme vür den keiser kam,
dô stuont er ûf engegen ime.
1380 als ich diu mære alhie vernime
und ich die wârheit sagen muoz,
sô bôt er im dâ sînen gruoz
und sprach vil tugentlîche alsô:
'ich bin von dîner künfte vrô,
1385 wis willekomen hiute mir.'
'der gotes vride sî mit dir'
sprach der bâbest dô zehant,
'von himel werde ouch dir gesant
kraft unde stætiu sigenuft.
1390 ez rîse ûf dich der sælden tuft
und der gnâden süezekeit.'
hie mite wart dâ vil geseit
von guoten sachen under in.
der künic sînes herzen sin
1395 ûf Silvestrum leite gar.
er nam sîn harte guote war
mit willeclichen ougen.
vil süeze sunder lougen
wart wider in diu sprâche sîn.
1400 er tet im dâ mit rede schîn
wie des nahtes im geschach
und waz er in dem troume sach,
als ir dâ vorne hânt vernomen.
und als er dirre mære komen
1405 was ûf ein ende und an ein ort,
dô sprach der keiser disiu wort:
    'Nû sage mir, sælic bâbest, an
waz göte sint die zwêne man,

1377 daz *Sch* = da (dô *G*).   1379* ûf engegen
= ûf gegen (ûfe gegen *H*).   1384 künfte = kunft.
1385* wis willekomen = sîst willekume.   1389* stætiu
= stæte.   1395 Ûf = uffe.   1396 guote *H* = guot.
1404 dirre = dir.

Pêter unde Paulus,
1410 die vür mich beide kâmen sus
und mir daz machten offen
daz dû dich gar versloffen
vor mir hætest in ein hol?
sicherlîche ez mügen wol
1415 vil ûz erwelte göte wesen.
daz ich mac von dir genesen,
daz tâten si mir beide erkant.'
'nein', sprach Silvester dô zehant,
kein ander got gewaltic ist
1420 wan der vil reine süeze Krist,
an den wir sîn geloubhaft.
sin hôhiu meisterlichiu kraft
hiez von nihte werden
himel mer und erden
1425 und schuof swaz in den allen drîn
lebender sachen mac gesîn
und swaz dar under rüeret sich.
sîn reiniu kraft vil götlich
hât elliu dinc gemachet sus.
1430 Pêter unde Paulus
die wâren sîne knehte
und hânt im alsô rehte
gedienet ûf der erden
daz si bî den werden
1435 ze himel sint gekrœnet.
ir lob ist wol beschœnet
in der vil liehten engel sal.
si stânt zem êrsten an der zal
under den heiligen dort
1440 und niezent hôher vröuden hort
alle zît und alle vrist.
mîn herre, der vil süeze Krist,

1419 got gewaltic *H* = gwaltic. 1422* hôhiu meister-
lichiu = hohe meisterliche. 1428* reiniu = reine.
1437f.* sal : zal = sale : zale. 1438* stânt = stênt.

liez si beide ûf erden
sîne apostel werden
1445 und hiez si kêren in diu lant.
sie wurden von im ûz gesant
durch daz si mit ir lêre
sîn lob und al sîn êre
michel machten unde breit.
1450 si sint von den diu kristenheit
zem êrst ir anegenge nam.
und dô die herren lobesam
vollebrâhten beidesamt
nâch êren wol ir heilic amt,
1455 dô nâmen si vil rîchen lôn.
sie vuoren in den himeltrôn,
dâ si beschouwent âne zil
vröud unde ganzer wunne spil.'
   Alsô beschiet Silvester
1460 den keiser alzehant des er
in gevrâget hæte.
ouch hôrte der vil stæte
sîniu wort mit willen dô
und sprach dâ wider in alsô:
1465 'vil heilic man Silvester,
an dich muot ich unde ger,
ob ez mit vuogen mac geschehen,
daz ich diu bilde müeze sehen
der zweiger herren lobelich.
1470 lâ schouwen ir antlitze mich,
ob si gemâlet iender sîn,
dar umbe daz mir werde schîn
ob ez die zwêne wæren
die gar mit lieben mæren

1443* liez = hiez.　　1444 apostel = aposteln, eben-
so 1990.　　1450 sint = sin.　　1451 zem êrst *Sch* = ze
merst (*so immer geteilt,* ze êrst *G*).　　1470* antlitze
= antlütze, *ebenso* 1501 *u. ö.*　　1471 iender *Sch* = iergen.

1475 vür mîn bette kâmen
und in dem troume nâmen
trûren unde sorgen mir.'
der bâbest sprach: 'ich zeige dir
ir bilde und al ir vorme gar.'
1480 sus hiez er im dô bringen dar
die zwelfboten reine,
die wâren algemeine
mit bilden und mit buochstaben
entworfen oder schône ergraben,
1485 iedoch enweiz ich niht war an.
nû si gesach der hôhe man,
dô wart er inneclichen vrô.
er hæte vor in allen dô
die zwêne erkant vil schiere alsus,
1490 die Pêter unde Paulus
sint geheizen und genant.
mit vröuden sprach er sâ zehant,
der keiser und der künic hêr:
'ez wart sô wâres nie niht mêr
1495 sô daz diu bilde sint gelîch
den selben herren tugentrîch,
die beide vür mich kâmen
und trûren mir benâmen
mit trôste und michel ungemach.
1500 reht als ich in dem troume sach
ir antlitz unde ir bilde dô,
in der geschepfed unde alsô
stânt si vor mir entworfen hie.
zwâr ez sint endelîche die
1505 beide zuo mir sprâchen dô:
"sende nâch Silvestrô,
der lât dir helfe erschînen
und machet die piscînen

1475 Vür *Sch* = über.   1484 ergraben *Sch* = graben
(gegraben *G*).

der gotheite dir bekant,
1510 dar inne wirstû sâ zehant
gereinet nâch dîns herzen gir."'
der bâbest sprach: 'nû volge mir,
keiser tugentrîchgemuot,
wilt dû die piscînen guot
1515 suochen diu dir nütze wirt
und dir vil hôher sælden birt,
sô geloube an Jêsum Krist,
der gotes sun von himel ist,
unde erkenne daz er kam
1520 von sînem vater lobesam
her nider ûf dis erden,
durch daz wir solten werden
gereinet von den sünden
und er des toufes ünden
1525 uns allen müeste zeigen,
dar inne wir die veigen
missetât gewüeschen abe.
und wiltû daz dîn leben habe
kraft unde ganze reinekeit,
1530 sô tuo daz ich dir hân geseit,
und wirt geloubic an den touf,
durch daz dir hôher sælden kouf
und elliu gnâde erschîne.
der touf ist ein piscîne,
1535 diu vröude und ein gesundez leben
lîb und der sêle mac gegeben'.
   'Zwâre', sprach dô Constantîn,
'wolt ich niht geloubic sîn
und gerne leisten dîn gebot,
1540 son hæte ich niht, daz wizze got,
die boten mîn nâch dir gesant.'
der bâbest aber dô zehant

1514 piscînen = piscine.   1523 f.* den sünden : ünden
= den sunden : unden (der sünde : ünde *G*).   1525 allen
Sch = alle.   1539 gerne *H* = ungerne.

sprach dem vil hôhen künege zuo:
'vriunt, herzelieber man, nû tuo
1545 mit willen mê daz ich dir sage.
nim ein vasten drî tage
ze wazzer und ze brôte
und hüete dich genôte
vor aller hande meine.
1550 ganc in dîn gaden eine
und ziuch mit grôzer ungehabe
diu küneclichen kleider abe:
daz ist der stünden widerslac.
ein hærîn hemde und einen sac
1555 leg an dich, hôher künic wert.
gestrecket nider ûf den hert
soltû drâte werden.
sus lic dâ bî der erden
und lâ dich riuwen daz dû bist
1560 gewesen nû vil lange vrist
in alsô grôzer irrekeit
daz diu vil reine kristenheit
zerstœret ist durch dîn gebot.
enlobe niht den wâren got
1565 aleine mit dem munde:
in dînes herzen grunde
geloube an sîne gotheit
und lâ dir iemer wesen leit
daz dâ her bî disen tagen
1570 durch dich ze tôde sî erslagen
sô manic lîp, der heilic was.
swaz ie dîn herze an sich gelas
meines, daz tuo von dir nû.
den armen kum ze trôste dû
1575 und riche si mit dîner gebe.
swer in gevencnisse lebe,

1545* mê = *fehlt* (al *H, Sch, die für den vers auch
vorschlagen* mit willen daz ich dir gesage).   1552 künec-
lichen = konicliche.   1554 einen = ein.   1560 lange
= langen.   1564* Enlobe niht = niht enlobe.

dem heiz entsliezen sîniu bant.
swaz liute von dir ie versant
würde in daz ellende
1580 und nôt von dîner hende
lîden unde dulden,
die lâ dû komen ze hulden
und hilf in allen ûzer klage.
durch dise wochen alle tage
1585 heiz geben dîn almuosen hie
und schicke dar zuo liute die
der spenden kunnen wol gepflegen
und si niht lâzen under wegen.'
    Der keiser was der lêre vrô
1590 und sprach vil tugentlîche alsô:
'ez ist vil wol bewæret ie
daz sich vergeben alle die
vil ofte garbeitet hânt
die mit ir opfer bî gestânt
1595 den abgöten allen.
ir muot der ist gevallen
ûf kranken unde ûf tumben wân,
sît si gelouben wellent hân
daz si götlichen rât
1600 vinden an ir hantgetât,
die si dâ selbe hânt geworht.
ich wil daz wizzen unrevorht
und aller zwîvelunge vrî
daz dirre got aleine sî
1605 gewaltic und gewârhaft,
der einem wazzer gît die kraft
daz ez die sêle reinet
und dem lîbe erscheinet
vil guoter arzenîe.
1610 der selbe wandels vrîe

1577 sîniu = sine.   1578 ie *G in Fußnote = fehlt.*
1579 Würde = werde.   1597 ûf tumben *Sch* = in t.
1603 zwîvelunge = zwifelungen.   1605 gewârhaft *Sch*
= gewæerhaft.

got, der disiu wunder vrumet
und mangem man ze trôste kumet,
der ouch sô geruochet mîn
daz der zwelfboten sîn
1615 zwêne zuo mir kâmen
und trûren mir benâmen
mit guoten mæren ûz erlesen.
si sprâchen daz ich solte wesen
geloubic eht an einen got
1620 und an sîn götlich gebot,
der behalden kunde mich.
sus wart von in gelêret ich
und wil ouch ich vil drâte
nâch ir beider râte
1625 leben iemer âne zil,
alsô daz ich gelouben wil
daz kein ander got enist
wan der getriuwe süeze Krist.'
    Nû daz der keiser lobelich
1630 alsus getâner rede sich
het aldâ geloubet,
dô leit im ûf daz houbet
der bâbest sîne zeswen hant.
mit willen er sich underwant
1635 des herren miselsühtic.
ern wart von im niht vlühtic
und gab im sînen süezen segen.
er sprach ob im, der gotes degen,
daz man sprichet über diu kint
1640 diu noch niht kristen worden sint
und diu man schiere toufen wil.
und dô sîn segen nam ein zil,
dô kêrte er ûffe sînen pfat.
die pfafheit alle von der stat

1611 f.* vrumet: kumet = frivmit: kumit (vrumt: kumt G)
1622 Sus = alsus. *in = im.   1628* Wan = wand.

4*

1645 und der getouften liute schar
hiez er zesamne komen gar
und bat si vasten drî tage,
durch daz der künic sîne klage
mit vröuden überwünde
1650 und er genâde vünde
an gote bî den zîten.
er sprach: 'den Ninivîten
geboten ouch ein vaste was,
die leite in ûf her Jônas
1655 in sîner predigunge,
dâ von ze bezzerunge
kam diu stat gemeine.
diu selbe vaste reine
begunde stillen gotes zorn
1660 und lie dâ werden niht verlorn
die liute durch ir schulde.
si gab in gotes hulde,
die si verwirket hæten
mit grôzen missetæten.
1665 sît daz nû mîn her Jônas
alsô rehte sælic was
daz er mit sîner lêre
nam von ir herzesêre
die liute dâ von Ninivê,
1670 sô wil ich daz uns michels mê
von Kriste gnâde widervar,
der hiute selbe an dirre schar
lêret unde prediget.
wir werden schône erlediget
1675 von argen duræhtæren,
ob wir daz hie bewæren
daz wir büezen wellen gote.
hei waz wir sêlen sîme gebote

1649 f.* überwünde: vünde = überwunde: vunde.
1654 in Sch = fehlt (H schob mîn vor her ein). 1665 In
hs. absatz. 1678 sêlen = sele.

zehant erwerben und bejagen,
1680 ob sînen grimmen siechtagen
der keiser überwindet.
diu kristenheit diu vindet
vrid unde ganzer riuwe kraft
vor der vil argen heidenschaft,
1685 diu si mit strenger âhte
vil gar ze leide brâhte.'
Alsus geschuof Silvester
daz nâch sînes herzen ger
drî tage dâ gevastet wart
1690 und daz nâch sæleclicher art
vil gebetes dâ geschach.
riuw unde strengez ungemach
vor ir sünden si dô liten.
ir muot an vröudenrîchen siten
1695 vant vil lützel dâ bejages.
ze vesperzît eins samztages,
dô diu vaste ein ende nam,
dô sprach der bâbest lobesam
als ein getriuwe gotes helt:
1700 'vernim mich, keiser ûz erwelt,
die tugent hât mîn herre Krist
daz in der welt kein wazzer ist,
wirt ez in sîme namen guot
gesegent, ez ensî behuot
1705 vor allen argen sachen
und künne lûter machen
die sêle vor der missetât.
swaz der lîp begangen hât,
daz weschet ab der brunne klâr,
1710 sô dar über wirt vür wâr
Kristes nam gerüefet an.
daz aber diz geschehen kan

1711 gerüefet Sch = gervͤfit (geruofet G).

daz der lîp gereinet wirt,
daz vüeget allez unde birt
1715 des gelouben stætekeit,
den man zuo dem toufe treit
und zuo dem wâren Kriste.'
sus kunde bî der vriste
Silvester Constantîne sagen
1720 wie der mensche wirt getwagen
von süntlichem meine
mit dem toufe reine
und mit der kristenlichen ê.
er seite im nützer dinge mê
1725 dann ich entsliezen welle alhie.
mit rede er in dô wizzen lie
wes er gelouben solte,
ob er enpfâhen wolte
kraft unde ganze reinekeit.
1730 im wart von im dâ vür geleit
süez unde wîsiu lêre.
er mante in dar ûf sêre
daz er belibe stæte
und den gelouben hæte,
1735 der gotes êren stüende wol.
swaz man zuo dem toufe sol
râtes unde lêre pflegen,
die leite im vür der gotes degen
mit reinen worten minnesam.
1740 und dô diu vesperzît bekam,
dô hiez er in balde gân
in den sal ze Laterân
und gienc ouch er mit im dar în.
vil guot was der geloube sîn
1745 in sînes herzen andâht.
er het in ûf die strâze brâht

1713 gereinet = geinet.   1721 süntlichem *Sch* = *hs*.
(sündelichem *G*).   1731 * süez unde wîsiu = süeze unde
wîse.   1740 vesperzît *Sch* = vesperîe.

der wâren gotes minne dô.
nû daz si wâren beide alsô
gegangen in den palas,
1750 ein wazzer dô bereite was
lûter unde wol gevar,
zuo dem gienc der bâbest dar
und tet dar über sînen segen.
kein wort enliez er under wegen
1755 daz man sprichet an der stat
dâ des vil hêren toufes bat
in gotes namen wirt bereit.
der keiser dô mit willen schreit
nacket unde blôz dar în.
1760 des wart im gotes helfe schîn
und sîn vil hôhiu milte erkant.
sîn reht daz tet im alzehant
der bâbest tugentrîch gemuot.
den krismen heilic unde guot
1765 gôz er ûf in in gotes namen
und sprach ze dem vil lobesamen
ob er an die namen drî,
sun vater unde geist dâ bî,
gelouben gerne wolte dâ
1770 unde ob er den tiuvel sâ
versmâhen wolte und sîn gebot.
'jâ', sprach der keiser, 'âne spot,
ich wil gerne in mînen tagen
dem argen tiuvel widersagen
1775 und aller der gezierde sîn.
ich sol mit al den kreften mîn
gelouben an den wâren Krist.'
hie mite wart er bî der vrist
gestôzen in den hêren touf.
1780 got liez in manger sælden kouf

1750 bereite *H* = bereit.   1752 *Sch möchte sô nach*
dem *einschalten.*   1761* hôhiu = hôhe.   1765 in = *fehlt.*
1775 gezierde = gezierden.   1780 in manger = in vil
maniger.

dar inne erwerben âne zal.
er wart genetzet über al
in dem vil klâren brunnen.
der bâbest wol versunnen
1785 tet über in dâ sîn gebet
und sprach, als er dô willen het:
'Got herre vil gewaltic,
dîn tugent manicvaltic
hât wunders vil erscheinet
1790 und mangen lîp gereinet
beide hie und anderswâ.
Naâman dâ von Syriâ
nam ze dîme trôste vluht
und kam von sîner miselsuht
1795 in des Jordânes vlüete.
ouch liez dîn reiniu güete
den liehtlôsen blinden
in dem wazzer vinden
daz heil daz er begunde sehen.
1800 von dîner tugent ist geschehen
manic schœne zeichen sus.
der tôrehte Saulus
enpfienc ouch wider die gesiht
in dem toufe, sô man giht,
1805 und wart von allen sünden
in des wâges ünden
gereinet unde entstricket.
sît nû dîn gnâde schicket
vil manic vrömde wunder,
1810 sô ruoch uns hie besunder
zeigen dîner tugende reht
und lâz ouch hiute dînen kneht
rein unde sûber werden,
der ûf al der erden

1790* mangen = manic.   1792 Naâman = nieman.
1796* reiniu = reine.   1802 tôrehte *Sch* = tôrehter.
1803 wider die gesiht = weider die geschiht.

1815 ein vürste vil gewaltic ist.
verlîch im wider die genist
und lâ verswinden sîniu leit,
dar umbe daz diu kristenheit
sîn vröuwe zeime herren sich
1820 und einen schirmer lobelich
an im gewinnen müeze.
got herre der vil süeze
lœs in ûz allem sêre
durch dînes sunes êre,
1825 der mit dir iemer âne zil
rîchsen unde leben wil.'
      Nû daz er disiu wort gesprach,
ein michel wunder dâ geschach
an keiser Constantîne.
1830 mit eime liehten schîne
wart der künecliche sal
zehant erliuhtet über al
sô vaste und alsô sêre
daz man gesach nie mêre
1835 sô liehte keinen palast.
sô michel was der selbe glast
daz er die liute erschrahte
und in vil gar bedahte
ir antlitz unde ir ougen.
1840 sich huop dâ sunder lougen
imme toufe ein michel dôz.
reht als man eine pfanne grôz
siusen hœret ob der gluot,
dar in man wunder vische tuot,
1845 sus wart ein siusen unde ein dôn
in dem vil hêren bade vrôn,
dô von himel kam der schîn.
des wart der keiser Constantîn

1817 sîniu = sine u. ö.   1818 diu = dine.   1827 disiu
= dise, so öfter.   1842 pfanne Sch = pāne (pfannen G).
1843 Siusen Sch = svzen (sûsen G), ebenso 1845.   1847 Dô
= da.   *himel = hs. (dem h. G).

gereinet unde wol getwagen
1850 von sünden und von siechtagen,
dâ mit er was gebunden ê.
langer saz er dô niht mê,
dô sîn lîp die gnâde vant:
mit vröuden stuont er ûf zehant
1855 und muoste hôher sælden jehen.
er sprach er hæte dâ gesehen
den wâren und den reinen Krist.
er leite bî der selben vrist
blanc unde wîziu kleider an
1860 und lebte als ein geloubic man,
der an sich hôher sælden kouf
hât êrst genomen durch den touf.
    Alsus wart er gereinet,
und hæte got erscheinet
1865 grôz wunder an Silvestrô,
durch des willen er in dô
vil gar beschœnet hæte.
und dô der künic stæte
überwant sîns herzen klage,
1870 dô leit er an dem êrsten tage
ûf disiu reht und diz gebot
daz man vür eiuen wâren got
haben solte Jêsum Krist,
von des gnâden an der vrist
1875 gestillet was sîn miselsuht.
in wart vil götlichiu zuht
von dem keiser ûf geleit.
er hiez mit ganzer vrîheit
ze Rôme vrouwen unde man
1880 in êren unde beten an.

_____

1849 getwagen _Sch_ = ertwagen.   1859 wîziu = wize.
1862 genomen durch den touf = an sich gen. den t.
1869 sîns = sines.   1874 gnâden _Sch_ = hs. (genâden _G_).
1876 In = im. götlichiu = gôtliche.   _Nach_ 1880 _hat die_
hs. keinen absatz, ebenso nach 1890.

Nu dô der ander tac erschein,
dô gap der keiser âne mein
ûz den orden und die ê
daz Krist der süeze niemer mê
1885 bescholten würde noch versworn:
und swer im durch dekeinen zorn
iht übels sprechen wolte,
daz er dar umbe solte
mit kestigunge werden
1890 gepînet ûf der erden.
    Vernement mê waz ich iu sage:
der keiser an dem dritten tage
leit ûf den orden stæte,
swer eime kristen tæte
1895 unrehtes und gewaltes iht,
daz er müeste ûz sîner pfliht
den dritten teil sîns guotes geben
und iemer drâne solte leben.
    Des vierden tages Constantîn
1900 hantvesten und die brieve sîn
gap dem bâbest ûz erlesen,
daz er ein houbet solte wesen
der pfafheit algelîche
über allez rœmisch rîche,
1905 als aller rihtære
der künic ein houbet wære.
    Des fünften tages er gebôt
daz man durch keiner slahte nôt
den kirchen brechen solte ir vride,
1910 sô daz sîn leben und diu lide
ein man generte drinne
vor allem ungewinne
und vor dem rihtære:
swenn er entrunnen wære

1881* Nu = und.   1886* Und = *fehlt.*   1898 drâne
H nach Benecke, Sch (drane *G*).

1915 durch sîne grôze schulde drîn,
daz er beschirmet solte sîn.
    An dem sehsten tage dô
leit er ûf ein reht alsô
mit gewalt und mit gebote
1920 daz nie man getörste gote
bûwen in dekeiner stat
ein münster ê daz er gebat
den vrônen bâbest stæte
daz er sîn urloub hæte.
1925   Nû dô der sibende tac was komen,
dô wart diz reht von im vernomen
daz der zehende ûf erden
gevordert solte werden
von allem guote küneclich:
1930 und swer dâ wider setzen sich
vrevellichen wolte,
daz man den twingen solte
mit gewalte und mit gebote.
alsus began der keiser gote
1935 sîne gülte mêren,
dar umbe daz nâch êren
diu münster ûf der erden
gebûwet möhten werden.
    An dem ahten tage sîn
1940 zôch der keiser Constantîn
diu blanken westerkleider abe
und leite, als ich gelesen habe,
an sich die küneclichen wât.
er kêrte ân alle missetât
1945 gereinet unde wol gesunt
ze sante Pêter bî der stunt
und tet dâ sîne bîhte.
von swæren sünden lîhte

1929 küneclich = kvnklich, *so öfter.*   1933 gewalte
Sch = rehte.   1943 küneclichen = koncliche (künecliche *G*).

machter sînes herzen sin.
1950 durch sîne dêmuot leiter hin
die keiserlichen krônen
und viel dâ vür den vrônen
alter nider in kriuzewîs.
er mêrte Kriste sînen prîs
1955 und lie sich riuwen sînen mein.
daz ie der kristenheite erschein
kein ungemach von sîme gebote,
daz klagte er dô vil tiure gote
und lie dâ vliezen tougen
1960 von sînen klâren ougen
sô mangen bitterlichen trahen,
daz man in sach diu kleider twahen
dâ mite und allez sîn gewant.
vor leide er sîne hende want
1965 und sprach mit klagender swære
daz er niht wirdic wære
daz er solte kêren
nâch götlichen êren
in der zwelfboten hûs.
1970 der süeze jâmer unde grûs
mit hôher klage erscheinte
und schuof daz mit im weinte
ein michel teil der liute.
wer kunde iu gar ze diute
1975 entsliezen die vil grimmen klage
diu dâ geschach bî deme tage?
    Dar nâch der reine künic guot
zôch ab durch sîne dêmuot
sîn kleit vil rîch unde wert.
1980 mit einer houwen in den hert
begunde er slahen unde graben,
dar umbe daz dâ würde erhaben

1956 Daz ie = daz er ie.   1959 dâ *Sch* = *fehlt.*
1961 mangen *Sch* = manic.   1979 rîch = *hs.* (rîlich
H, Sch).

    ein tiefiu gruntveste wît,
    dar ûffe er wolte bî der zît
1985 ein münster biuwen schône
    ze lobe und zeime lône
    den zwelfboten ûz erkorn.
    der werde keiser hôchgeborn
    begunde arbeiten sêre.
1990 in der apostel êre
    vol erden er zwelf körbe gruop.
    ûf sîn ahsel er die huop,
    als in sîn willic herze bat,
    und truoc si verre von der stat
1995 dâ daz münster solte wesen.
    er hæte vröude an sich gelesen
    in der wâren minne gotes.
    ûf die gnâde sîns gebotes
    herzeleides er vergaz.
2000 mit dem bâbest er dô saz
    ûf sînen guoten wagen sider
    und kêrte in sînen palas wider.
    Des morgens, dô der tac erschein,
    seht dô kam er über ein
2005 daz er biuwen dâ began
    in sîme sal ze Lateran
    ein münster dem vil werden gote.
    ein reht begunder mit gebote
    ûf setzen an der selben stunt.
2010 er sprach: 'diz werde in allen kunt
    die mir undertænic sint,
    daz ich Krist, der megde kint,
    êren unde prîsen wil
    sô vaste und alsô rehte vil
2015 daz ich in dem namen sîn
    ein münster in dem hûse mîn

1983* tiefiu = tiefe.   1992 ahsel = ahseln.
2000 dô = da.   2006 sal = sale.

wil stiften unde machen
und ez mit reinen sachen
wil zieren hiute und iemer mê,
2020 durch daz mit mir dar în gê
diu kristenheit und alle tage
lop sîner gotheite sage
und im der gnâden wizze danc,
daz er mîn siechez herze kranc
2025 gesterket und gereinet hât.
diz gebot und disen rât
leit ûf der keiser aber dô.
ein ander ê gab er alsô,
ob sich ein armer wolte
2030 bekêren, daz er solte
die stiure hân von sîner hant
daz man im gæbe wîz gewant
ûz der kemenâten sîn.
ouch tet er im die gnâde schîn
2035 und die vil hôhen tugent hie
daz er von im ze stiure enphie
wol zweinzic schillinge.
die selben pfenninge
muoster dem bâbest alle geben,
2040 wolt er nâch dem gebote leben
daz der künic hæte erdâht.
daz aber die pfenninge brâht
dem bâbest alle wurden sô,
daz geschach darumbe dô
2045 daz durch der gâben girekeit
an sich nieman die kristenheit
noch den touf dâ næme:
man wolte daz er kæme
willeclîche in gotes ê
2050 und âne valsch. waz sol des mê?
bî des selben jâres vrist
geloubic wart an Jêsum Krist

2051* des = der.

der heidenschefte ein michel teil.
got selbe gab ir dô daz heil,
2055 daz sich bekêrte manic lîp.
sunder kint und âne wîp
touften sich zwelf tûsent man.
hie mite wahsen dâ began
in der gotes êre
2060 diu kristenheit vil sêre,
und was der heiden orden
geswachet schiere worden.
    Nû diz dinc alsô geschach
daz man sich dâ bekêren sach
2065 der heidenschefte ein wunder,
dô wâren gnuoge drunder
die den touf versmâhten
und leider niht endâhten
ûf der kristenheite pfat.
2070 die sênatôren von der stat
und die gewaltesære
enwolten niht der mære
gelouben daz der reine Krist
in himel unde ûf erden ist
2075 gewaltic iemer âne zil.
si dûhte gar ein kindespil
der touf und al sîn heilekeit.
ir valscher wille was geleit
in tiefes ungelouben pfuol.
2080 dâ von der keiser sînen stuol
setzen in daz münster hiez.
die liute er vür sich komen liez
von al der stat gemeine.
der edel und der reine
2085 saz an sîn gerihte dô
und sprach vil tugentlîche alsô:

2054 dô *H, Sch = fehlt.*   2066* Dô = da.
2067 versmâhten = vermahten.

'Wê den verschamten herzen
die vür der sêle smerzen
heilsames râtes niht engernt.
2090 daz si vil nützer lêre enbernt,
daz kumt dâ von daz alle zît
ir sin alsô verdecket lît
mit trüeber ungewizzenheit
daz diu vil hôhe tugent breit
2095 noch der wârheite schîn
ze keiner hande zît dar în
mac geliuhten noch gegân,
dâ von hie werden ûf getân
des klâren herzen ougen,
2100 daz offen unde tougen
die wârheit künne wol gespehen.
er sol an wîsen rât hie sehen
unde an liehter künste glanz,
alsô daz lûter unde ganz
2105 sîn geloube müge sîn.
diu wâre minne sol dar în
glesten unde schône komen.
er merke daz ze nihte vromen
die valschen abgöte doch,
2110 die der mensche ûf erden noch
mit sîner hant gebildet.
in sî der name entwildet
der heilic unde sælic ist:
si müezen tiuvel alle vrist
2115 heizen unde göte niht.
er hât ze valschem muote pfliht
swer sîn selbes hantgetât
vür einen got ûf erden hât
und si mit opfer êren wil.
2120 ez ist noch mügelicher vil
daz die liute ûf erden
ir werkes göte werden,

2101* Die = der.   2117 sîn = sins, *ebenso* 2861, 2886.

danne ir göte sîn diu werc.
er stîget ûf der sünden berc
2125 swer sich an valsche göte lât.
dem menschen kan sîn hantgetât
geringen sîner swære niht:
sô mac der mensche, sô man giht,
gehelfen wol dem werke sîn;
2130 wirt an im ein breste schîn,
den büezet wol der selbe list
dâ mit ez gemachet ist.
    Sît nû des menschen stiure
mac sîner krêatiure
2135 schôn unde wol ze staten komen
und niht dem menschen kan gevromen
sîn krêatiure und ir geschaft,
war umbe ist danne diensthaft
der mensche sîner hantgetât?
2140 von swem daz dinc sîn wesen hât,
dem sol ez undertænic sîn.
hier an wirt offenlîche schîn
daz die valschen göte blint
gewaltic niht der liute sint
2145 die si von êrst gebildet hânt
und in zestaten wol gestânt
swenne in missegangen ist.
ez hât an mir der werde Krist
bewæret wol mit sîner kraft
2150 daz den schepfer sîn geschaft
êren sol ûf erden.
ich muoz von rehte werden
dienesthaft dem werden gote,
der mich hât mit sîme gebote
2155 ernert, als ir wol hânt gesehen.
welt ir der wârheit alle jehen,

2138* diensthaft = *hs.* (dienesthaft *G*).   2140 daz =
diz.   2146 in = im.   2151 ûf = vffe, *ebenso* 2162.

sô müezen ir mir bî gestân
daz ich von im die gnâde hân
daz man mich sus gereinet siht.
2160 und wære Krist gewesen niht
der got der uns hiez werden,
son mohte niht ûf erden
hân gebüezet sîn gebot
daz sêr daz mir ein ander got
2165 mit sîner kraft hæt ûf geleit.
dâ von prüev al diu menschheit
unde erkenne wol dâ bî
daz si des wâren gotes sî
krêatiure, der si mac
2170 gevristen wol naht unde tac
vor schedelichen dingen.
er kan die schône ûf bringen
die gevallen sint dâ nider,
und machet wol ze rehte wider
2175 swaz zerbrochen ist dâ vor.
er siht durch aller herzen tor
und merket alle tougenheit.
der himel und dis erde breit
stânt beide in sîner hende.
2180 dar umbe sol ein ende
der ungeloube nemen hie,
der mit stætem willen ie
von abgöten ist getragen.
ir sult den valsch von hinnen jagen,
2185 den iuwer tumpheit hât erzogen.
den wâren got vil unbetrogen
üebent alters eine.
daz îsen und die steine
lânt belîben under wegen.
2190 ir stiure mac iu niht gewegen,

2157 müezen (müezent *H*).   2158 gnâde = gnaden.
2182* stætem = stæten.

und sît mit in verirret;
ob aber in iht wirret,
daz büezet iuwer helfe wol.
dar umbe endarf iu noch ensol
2195 nâch in vürbaz belangen niht.
si darbent alle der gesiht
und sint ouch an ôren toub.
ir sult in geben urloub
und lâzent ouch daz allen
2200 von herzen wol gevallen
daz mir der ûz erwelte Krist
mîn leben unde die genist
gap mit sîner helfe wider
und er mir hât geholfen sider
2205 von üppeclicher irrekeit.
lob unde prîs werd im geseit,
er ist ein got gewære.
sît daz ir, Rômære,
sît an witzen unbetrogen,
2210 ir mæren helde wol gezogen,
sô mêrent hiute sînen ruom
der allen hôhen wîstuom
beslozzen hât in sîner brust,
und êrent sunder âkust
2215 den got mit reinem muote
der iuch mit sîner huote
mac beschirmen alle wege
und niht bedarf daz man sîn pflege,
als man der valschen göte pfliget,
2220 der huote keinem manne wiget.
vernemet mê waz ich iu sage!
durch daz niht iuwer herze trage
urdrutz von langen worten,
sô wil ich zallen orten

2209 witzen *Sch* = wizzen.   2210 Ir *Sch* = *fehlt.*
2215* reinem = reinen.   2219 valschen = valsche.
2223 worten = vorhten.

2225 bekürzen mîne rede alhie
und wil iu künden rehte wie
mîn wille stât uud mîn gebot.
ich wil daz man den wâren got
müez êren spât unde vruo
2230 und man der kristenheite ûf tuo
diu münster und der kirchen tor.
swaz der heiden priester vor
hantvesten hæten under in,
die nemen nû die pfaffen hin,
2235 die der getouften liute enpflegen.
der tempel wirde sî gelegen
und werde grôz der kirchen reht.
dur daz ich heize ein gotes kneht
und man erkenne daz ich sî
2240 mit triuwen sîme dienste bî,
so wil ich im entriuwen
ein münster heizen biuwen
ze lobe in mînem schœnen sal.
dâ bî sô merken über al
2245 die liute in mînem rîche
daz ich im lûterlîche
undertænic welle sîn
und daz in dem herzen mîn
kein zwîvelunge stecke
2250 noch kein valscher vlecke
an mir niender sî beliben,
dâ mit ich werde noch getriben
von sîner hulde reine.
ich hab in alters eine
2255 ob allen göten ûz erwelt
und zeime trôste mir gezelt.'
  Nû disiu rede ein ende nam
und der keiser lobesam

2229 *will Sch umstellen* êren müeze.   2231 tor = tür.
2241 f. entriuwen : biuwen *Sch* = entrûwen : bûwen (*G*).
2245* mînem = mîme (mineme *G*).   2251 niender *Sch* =
niergen.

sîniu wort alsus beslôz,
2260 dô wart ein ungevüeger dôz
vernomen unde michel schal.
die liute riefen über al
wol zwirent nâch ein ander hie:
'verderben müezen alle die
2265 Jêsu Kriste widersagen
und im niht holdes herzen tragen,
wande er ist ân allen spot
der lebend und der wære got,
der himel mer und erden
2270 und elliu dinc hiez werden.'
      Sus wart vil lûte dâ geschrît
von dem volke bî der zît.
si tâten aber ûf ir munt
und riefen dâ wol vier stunt
2275 in eime grôzen schalle
daz die kirchen alle
entslozzen müesten werden
und iemer ûf der erden
diu tempel solten sîn verspart.
2280 wol ahte stunt gesprochen wart:
swer Krist niht üeben wolte dâ,
daz im der keiser trüege sâ
vil offenliche vîentschaft.
si sprâchen zehen stunt mit kraft:
2285 swer den künic stæte
gesunt gemachet hæte,
daz der benamen wære
ein lebender got gewære.
      Dar nâch si riefen sunder twâl
2290 nâch ein ander zweinzic mâl

2265 Jêsu = Ihm.   2267 ân *Sch* = hs. (âne *G*).
2268 der wære *Joseph QF 54, 59* = wære (der gewære *Sch*).
2271 *In hs. kein absatz.*   2274 vier *H* = vierzehen.
2287 benamen = bi namen.   2290 zweinzic *H* = drîzic.

daz er müeste ân ende leben
swer Jêsu Kriste wolte geben
lob unde wirde zaller zît
und im sîn êre machte wît.
2295 ouch wart gesprochen aber dâ
drîzic stunt daz man iesâ
der heiden priester dannen tribe
sô daz ir keiner dâ belibe
und alle kêrten ûf ir vart.
2300 wol vierzic stunt gesprochen wart
und ûf gesetzet mit gebote:
swer dâ dekeinem abgote
sîn opfer dan noch bræhte
und niht an Krist gedæhte,
2305 daz man den solte bî den tagen
von Rôme ouch trîben unde jagen.
    Nâch dirre stimme manicvalt
der keiser edel unde balt
die liute swîgen alle bat
2310 und sprach mit zühten an der stat:
'arm unde rîche bieten her
ir ôren und des herzen ger
und losen rehte mîns gebotes.
der liute dienest unde gotes
2315 ûf erden ist gescheiden sô
daz mit betwungenlicher drô
der liute dienest hie geschehe
und daz man gote dienen sehe
mit willeclichem muote.
2320 der heilig und der guote,
der mit dem sinne güebet wirt
und dem man lob und êre birt
mit lûterliches herzen ger,
der wil daz man im dienste ber

2296 Drîzic *H* = zweinzic.   2298 keiner = dekeiner.
2311 bieten = bietent.   2313 mîns = mines.   2316 be-
twungenlicher = betwungelicher.   2323 f.* ger: ber =
gere: bere.

2325 mit eigenlicher willekür
und daz man im hie bringe vür
unbetwungenlichen prîs.
ez wirt wol schîn in mange wîs
daz er ist der wære got,
2330 sît alzehant sîn grôz gebot
mit zorne hie niht richet
daz manger in versprichet
und in versmâhet umbe niht.
ûf guoter bezzerunge pfliht
2335 lât er die sündesiechen leben:
ir schulde wil er in vergeben
ob si bekêren wellen sich.
sîn reiniu milte lobelich
hât sich alsô zerspreitet
2340 daz er dem menschen beitet
biz er gebüeze sînen mein.
er ist des komen über ein
daz er mit argen dingen
niemen wil betwingen
2345 daz er im undertænic sî.
hie prüeve ich unde merke bî
daz ich die liute mit gebote
ze dienste dem vil werden gote
niht jagen muoz noch trîben:
2350 ich sol si lân belîben
in unbetwungenlichen siten.
kan ich mit liebe si gebiten
daz si bekêren gerne sich,
des sol ich harte vlîzen mich
2355 mit senften worten alle stunt.
dâ von sô werde in allen kunt

2325 f* willekür: vür = willeküre: füre. 2328* mange
= manigen. 2329 wære = *hs.* (gewære *Sch*). 2335
sündesiechen *Sch* = sünderiche. 2338* reiniu = reine.
milte *Sch* = milt (milde *G*). 2341 sînen = sine. 2344
niemen wil *Sch* = niemañen wilt (nieman wil *G*). 2348*
dienste = dienest.

die rœmschiu rîche hœrent an,
daz mich dar umbe nieman
vorhte noch entsitze doch,
2360 ob er den touf versmâhe noch
und niht bekêren welle sich.
swer aber unbetwungenlich
mit willen sich hie toufet,
der wizze daz er koufet
2365 mîne keiserlichen gunst
und daz ich alle mîne kunst
dar ûf mit vlîze kêre
daz ich sîn heil gemêre.'
    Der rede wol bescheiden
2370 die kristen von den heiden
von herzen wurden alle vrô.
si lobten algelîche dô
den orden und die niuwen ê.
dem keiser wart dâ guotes mê
2375 gewünschet dan ich welle sagen.
daz er gesundez leben tragen
müeste unmâzen lange zît,
des bâtens alle widerstrît
mit herzen und mit munde.
2380 dar nâch in kurzer stunde
dô diu rede ein ende nam,
dô vuor der künic lobesam
wider heim ûf sînen sal.
die werden burger über al
2385 vröuten sich der mære
daz in der orden wære
ûf gesetzet und beliben
daz niemen würde aldâ getriben
in gotes dienest noch dervon.
2390 si wurden leides ungewon

2357 rœmschiu = Römsche.   2365 Mîne = mînen.
2388 niemen *Sch* = nieman; *so immer, wenn auf der ersten*
silbe betont.

und triben manger hande spil.
lieht unde schœner kerzen vil
wurden ûf gezündet;
als mir diu wârheit kündet,
2395 sô lebten si mit schalle.
die münster wurden alle
stimm unde süezer dœne vol.
swie man gotes wirde sol
mit kurzewîlen mêren,
2400 daz tâten si nâch êren
allez bî der selben vrist.
geprîset wart der süeze Krist
mit lobelichem werke.
der heilgen liute serke
2405 berouchet wurden schône
und wol mit süezem dône
besungen und mit schalle.
die reinen bîhter alle,
die bî den selben jâren
2410 versendet verre wâren,
die hiez der künic kêren
mit vröuden und mit êren
wider in ir vaterlant.
er liez enpfâhen si zehant
2415 die keiserlichen hulde sîn
und tet in hôhe gnâde schîn.
    Nû stuont ez bî der zît alsô
daz Constantînes muoter dô,
diu keiserîn Helêne,
2420 und sîner mâge zwêne
z' Orîente wâren
und bî den selben jâren
wonten in Bethaniâ.
diu rîche keiserinne dâ

2404 heilgen = heiligen.   2411* hiez = liez.   2419
keiserîn = keiserinne, *ebenso* 2703. 5148.

2425 was von den jüden überkomen
daz si vil nâch an sich genomen
het ir orden unde ir ê.
si lebte nâch ir râte mê
danne ir nütze wære.
2430 ouch wâren ir diu mære
von Constantîne zôren komen
daz er hete an sich genomen
kristenlichen orden
und er gesunt was worden,
2435 als ich iu tet dâ vorne schîn.
dâ von diu werde keiserîn
einen brief dô schrîben liez,
den si dô balde vüeren hiez
ir sune gegen Rôme dan.
2440 disiu wort diu wâren dran
mit guoter schrifte vollekomen
geschriben, als ich hân vernomen:
'Von Rôme keiser Constantîn,
der alle zît dem rîche sîn
2445 kan mêren ganze werdekeit
und im sîn gelt hie machet breit
alsam ein herre guoter,
ich keiserîn, dîn muoter,
Helêne dir enbiute
2450 daz ich von herzen triute
dîn êre und dîn vil hôhez leben.
ich wil dir senden unde geben
triuw unde muoterlichen gruoz.
dar nâch ich dir enbieten muoz
2455 daz der wîsen liute muot
unde ir künstic herze guot
versprichet niht die wârheit
und reht geloube niht vertreit

2426 si = fehlt.   2440* diu = fehlt (dâ H z. E. 366).
2441 schrifte Sch = schrift.

lob und üppeclichen ruom.
2460 ob nû ganzer wîstuom
und reht geloube læge an dir,
son wære dir niht leit von mir
daz ich dir die wârheit sage
und ich dir in dîn ôren trage
2465 üppecliches ruomes niht.
swer sînem vriunde lobes gibt
swenn er unprîs verdienet hât,
der sterket in ûf missetât
und liebet im ein swachez leben.
2470 dar umbe soltû mir vergeben
daz ich dir niht gelimpfe nû,
vil herzelieber sun, daz dû
vor gotes ougen schuldic stâst
und sêre missetreten hâst
2475 ûz keiserlichem prîse.
wan ob dû wærest wîse,
dû soltest gote gnâde sagen
daz er dich von irretagen
sô volleclichen ie genam
2480 und dich sîn güete lobesam
erlôste von der heidenschaft,
alsô daz dû niht diensthaft
den abgöten würde mê.
got hæte dich von swacher ê
2485 mit der helfe sîn genomen.
nû bistû zeinem orden komen
der noch zwirent bœser ist,
wan dû wænen wilt daz Krist
gotes sun von himel sî
2490 und daz er sîner zeswen bî
sitzen müeze ân endes zil.
dîn herze an den gelouben wil

2477* gnâde = genâde.   2482 diensthaft = dinstaft
(dienesthaft *Sch*).

der von den jüden wart geborn
unde ir ê vil ûz erkorn
2495 gevelschet hât mit sîner kunst.
man sach in durch der liute gunst
begân der sünden ursprinc.
er wart durch zouberlichiu dinc
erhenket an ein kriuze dô.
2500 mit dirre marter unde alsô
nam er ein swachez ende
und wart durch missewende
verdamnet jæmerlîche,
dâ von dû, künic rîche,
2505 an in gelouben soltest niht.
ez ist ein armiu zuoversiht
die dû ze disem manne treist,
der keiner slahte volleist
im selben kunde dô gegeben,
2510 dô sîn vil trügenhaftez leben
ein bitterlichez ende nam.
und ob dû, keiser lobesam,
wilt ûf den wec der wârheit komen
sô lâ dir werden hie benomen
2515 allen ungelouben.
sît dû von den touben
abgöten bist getreten,
war umbe wiltû danne beten
an Jêsum Krist ûf erden?
2520 dû solt bekêret werden
unde erkennen wol dâ b`.
daz kein ander got ensî
gewaltic dan der eine
von dem die jüden reine
2525 ir orden nâmen unde ir leben.
in wart ein ê von im gegeben

2496* durch = dur. 2498 zouberlichiu = zouber-
liche. 2506* armiu = arme. 2510 trügenhaftez Sch =
trugenhaftes (trügehaftez G). 2523 dan = danne.

diu reht ist unde vollekomen.
der selbe got vil ûz genomen
hât dich ernert von dîner suht
2530 durch die vil hôchgelobte zuht
daz dû der êrste keiser bist
der valscher abgöte list
versmâhet hât und ir gebot.
der wâren jüdescheite got
2535 lie dar umbe dich genesen
daz bewæret möhte wesen
daz aller heiden göte sint
sô rehte valsch und alsô blint
daz ir kraft ze nihte vrumet
2540 noch ir trôst ze helfe kumet
dekeinem man ûf erden hie.
sît daz si dîn herze lie,
sô hât dîn grôziu siecheit
ouch lâzen dich und ist bereit
2545 ein vil gesundez leben dir.
dâ von dû, herre, volge mir
und île zuo der jüden gote;
wirt undertænic sîme gebote,
sô wont dir manic tugent bî.
2550 dîn herze wirt vor leide vrî
und kan dich niht betrüeben.
swie dun beginnest üeben,
dir wirt Davîdes rîche
gegeben êweclîche
2555 und Salomônes hêrschaft.
al die prophêten sældehaft,
mit den hie got geredet hât,
die tuont dir dort vil hôhen rât
und schickent daz dû wirst gewert
2560 alles des dîn herze gert

2539 vrumet = frŏmet.　　2543* grôziu = groze.
2544 Ouch lâzen H = ouch gelazen (G wollte ouch streichen).
2552 dun H = du (duz G).　　2559 schickent = schicken.

unde ervüllet wirt dîn muot.
keiser edel unde guot
und herzelieber sun dâ bî,
hie mite gnuoc der rede sî.
2565 got ruoche dich gesunden sparn
und lâze dich alsô gevarn
daz dir vrô Sælde lache
und al dîn heil bewache'.
    Der rede und dirre botschaft
2570 der rîche keiser tugenthaft
antwürte gap vil schône sider.
er sante ir einen brief hin wider
und hiez den balde vüeren dan.
dâ stuont alsus geschriben an:
2575   'Helêne, werde keiserîn,
von Rôme ich keiser Constantîn
enbiute dir von grunde
mit herzen und mit munde
mînen küneclichen gruoz,
2580 und swaz ein sun enbieten muoz
der getriuwen muoter sîn,
daz sol dir, liebe vrouwe mîn,
allez sîn von mir gesant.
got, der berihtet elliu lant
2585 und aller krêatiuren pfliget,
der mizzet iemer unde wiget
al die werlt nâch sîner ger.
mit hôhen kreften schicket er
ûf erden allez daz er wil.
2590 er hât gewaltes alsô vil
und ist alsô gehiure
daz wir von sîner stiure
daz leben hân und unser wesen.
er hilfet uns daz wir genesen
2595 und wir enthalten uns dâ bî.
sîn helfe wandelunge vrî
machet alle geiste
mit hôhem volleiste

lebendic ûf erden.
2600 dâ bî gît er uns werden
vürsten dise meisterschaft
daz unser muot mit sîner kraft
der werlde reht sol tihten
und wir diu lant berihten
2605 müezen sunder valschen wân.
sô wir ie hœherz ambet hân
und man uns mê gewaltes giht,
sô man ie wartet unde siht
deste baz ûf unser leben.
2610 mir wirt geboten und gegeben
ûf erden aller ougen blic:
ob tugent an mir neme den sic,
des ahtet manger muoter kint.
swaz herzen in der werlde sint,
2615 diu prüevent unde merkent wie
mîn wille sî geschaffen hie
und wes ich niht enwelle.
waz ich ûf erden stelle,
daz wiste gerne dirre und der.
2620 sît nû diu werlt gemeine alher
kapfet an den willen mîn,
sô solte wol mîn wille sîn
sô reine und alsô lobelich
daz er den liuten kunde sich
2625 gelieben unde in allen
möhte alsô gevallen
daz er gestrâfet würde niht.
ob man iht wandels an mir siht,
daz stât mir wirs dann einem man
2630 den niht sô rehte manger an
kapfet unde wartet.
daz edel muot unartet,

2606 ambet = amp.   2621* kapfet (*wie* 2631)
= kaffet.

daz stât unlobelîche,
keiserinne rîche
2635 und liebe muoter ûz erlesen,
des guoten solt ich vlîzic wesen,
wiste ich oder kunde wie.
ez was mîn reht ûf erden ie
daz ich zem besten hæte pfliht.
2640 nû mac ich des alles niht
wizzen daz mir solde vromen
und mir ze nutze möhte komen;
dâ von ich deste wirs gevar.
geloube ich iender anderswar
2645 dann an die rehten wârheit,
daz ist mir ûzer mâzen leit
und riuwet mich ân allen spot.
daz ich verstê den wâren got,
daz ist über mînen sin,
2650 wand ich sô wîse niht enbin
daz ich mit dem gedanke mîn
der reinen gotheite sîn
ze grunde und zeinem ende kome.
ich hân gelouben daz mir vrome
2655 der touf den ich enpfangen hân.
dur daz ich aber müeze stân
alles zwîvels eine
und daz dû, vrouwe reine,
bekêret ruochest werden,
2660 sô ger ich daz ûf erden
her ze Rôme vür mich komen
die besten meister ûz genomen
die man hab in der alten ê
und daz mit in ze kriege stê

2633 stât = steit.   2638 was . . . ie *Sch* = wer . . hie
(wær . . hie *G*).   2641 solde = solt.   2641 f. vromen:
komen = frômen: kṽm (frumen: kumen *G*).   2653 Ze
grunde = zergrunde.   2654 gelouben *Sch* = geloube.
2661 Her *Sch* = das her (dâ her *G*).

2665 diu kristenheit als ir gezeme.
ich wil daz man die pfaffen neme
die rehter künste pflâgen ie
und man si lâze reden hie
mit den jüden wîse.
2670 nâch götlichem prîse
werde ein strît von in vernomen,
dur daz wir ûf ein ende komen
der wârheit zallen orten.
sô lâzen si mit worten
2675 kriegen um die rehten ê,
und swederz teil dâ lobes mê
gewinnen mac und êren,
ze dem sô wil ich kêren
mit allen den gelîche
2680 die bî gestânt dem rîche
und die mir undertænic sint.
ich wil al der werlde kint
laden zuo dem teile
daz mit lobes heile
2685 von dem kriege scheiden sol.
dar umbe tuo sô rehte wol,
muoter unde vrouwe mîn,
und sende her die meister dîn,
die mit mînen pfaffen
2690 reden unde schaffen
swaz dem gelouben schône stê.
in weiz waz ich dir künde mê:
ich bite got daz er dîn pflege
und daz mit sælden alle wege
2695 dîn heil und al dîn êre
sich volleclîche mêre.'
        Den brief den sante Constantîn
    von Rôme hin der muoter sîn;

2676 swederz *H* = sweders. 2678* Ze = *hs.* (zuo *G*).
2682 *Sch schiebt* ouch *nach* wil *ein.* werlde = werlt.
2696 volleclîche *Sch.* = volliche.

der wart gelesen alzehant.
2700 ouch wurden schiere dô besant
die vürsten von der jüdescheit,
den wart diz mære vür geleit
daz der keiserîn was komen.
des wurden ûz in dô genomen
2705 zwelf houbetmeister bî der zît,
die mit ir vuoren an den strît
ze Rôme, als ir enboten was.
nû man die jüden ûz gelas,
dô kêrtens ûf ir strâzen.
2710 si wâren ûzer mâzen
gar wol gelêret alle
und sprâchen nâch gevalle
kriechisch und latîn vil wol.
swaz man tiefer rede sol
2715 trîben von der alten ê,
der kunden si vil unde mê
dann ich alhie betiute;
kein ungetouften liute
wurden nie gelêret baz.
2720 daz lie belîben sunder haz
Helêne diu vil rîche.
si vuoren snelleclîche
in die stat ze Rôme dan.
Constantîn, der werde man,
2725 vil schône empfie die keiserîn,
alsam ein sun die muoter sîn
billîche sol enpfâhen.
alsus begunde nâhen
diu zît vil schiere und ouch der tac
2730 dar an der jüden kriec gelac
und der kristenheite strît,
dâ von ze hove bî der zît

2709 ûf = us.   2709f. strâzen : mâzen *G in fußnote,*
Sch = strasse: massen.   2713* latîn vil wol = latîn wol
(latîne wol *G in fußnote, Sch*).   2727 billîche = billîch.

6*

vil liute kâmen schiere.
wol vierzic unde viere
2735 bischove sach man îlen dar,
die niht alle in einer schar
riten vil gelîche,
wan si von mangem rîche
sich hæten dar gesundert.
2740 zweinzic unde hundert
jüdenpriester ûz genomen
sach man ouch vil schiere komen
ze Rôme bî den jâren,
dar under zwelfe wâren
2745 von den ich hân dâ vor geseit,
die wielten hôher wîsheit
und wâren tiefer sinne vol.
ir namen ich iu nemmen sol:
Abîathar der eine hiez,
2750 als mich diu wârheit wizzen liez;
der ander der hiez Jôas;
der dritte Gôdolîas;
der vierte was ein künstic man
und was geheizen Annan;
2755 Dôech der fünfte was genant,
sîn name wîten was erkant;
der sehste der hiez Kûsî
und was sîn witze grôz dâ bî;
der sibende der hiez Bônoim
2760 und jach man hôhes lobes im;
Archêl der ahtode hiez,
der kunst an im ouch schouwen liez;
Iobal der niunde was genant,
an dem man hôhe witze vant;
2765 Thârâ was der zehende,
dem was man wîsheit jehende;

2735 man = *fehlt.* 2759* Bônôim *wie sonst* =
Boneym. 2761 ahtode *Sch* = *hs.* (ahte *G*). 2763* Jobal
= Jubal.

der eilfte der hiez Zêleon,
an dem man künste was gewon;
Zambrî des zwelften name was,
2770 der truoc, als ich geschriben las,
ob in allen hôhen prîs
und was sô gar unmâzen wîs
von der schrifte, sô man giht,
daz ir aller zuoversiht
2775 lac an im alters eine.
si trôsten sich gemeine
ûf sîne kunst vil meisterlich,
wan si des wol versâhen sich
und des gelouben wolten,
2780 ob si gesigen solten,
daz müeste an sîner helfe stân;
si kunden guot gedinge hân
ze sînen witzen über al.
des wart in einen strengen val
2785 diu starke zuoversiht geleit
die si zuo der menscheit
truogen mit ir valschen ger.
der bâbest vrôn Silvester
hæte sich an got verlân
2790 und truoc ze sîner helfe wân;
dâ von sîn trôst dâ niht verdarp,
wand er die sigenuft erwarp
an sînen widersachen hie.
dô sich der ougest ane gie,
2795 seht, dô was diu kristenheit
und der jüden schar bereit
ûf den götlichen strît.
zeinander kâmens an der zît
durch vil hôhe meisterschaft
2800 und wurden sament redehaft

2767* eilfte = eilifte (eilift *H*).   2772 unmâzen
Sch = unmâze.   2781 sîner *H* = sine.   2789 sich = si.
2794 ane = an.

von manger hande listen.
die jüden zuo den kristen
sprâchen vil gemeine dô:
'ir herren alle, stât ez sô
2805 daz ir disputieren welt,
sô werden zwelfe ûz iu gewelt,
die gegen disen zwelfen treten
die wir ûz uns hân gejeten
durch daz sie reden unser wort.'
2810 nû stuont der reine bâbest dort,
der trat engegen in zehant.
er sprach: 'ez ist umb uns bewant
daz wir an der liute kraft
niht wellen sîn geloubhaft
2815 und an si lâzen unser heil:
got sol uns machen hiute geil,
an dem lît unser zuoversiht.
uns kan sô wol gehelfen niht
der liute manicvaltekeit
2820 alsam sîn einic gotheit,
ze dem wir guot gedinge tragen.
ich wil iu nemelîche sagen,
sô unser schar ie minre wirt,
sô uns ie græzer helfe birt
2825 der reine und der vil süeze Krist.
ich eine sol bî dirre vrist
antwürte vür uns alle geben
und den zwelfen widerstreben
die gegen uns hie wellent stân,
2830 als ich von iu vernomen hân.'
   Abîathar der êrste dô
sprach wider in zehant alsô:
'Silvester, unde wellest dû
beschirmen iuwer parte nû

2811 engegen *Sch* = in gegen.   2814 geloubhaft
Sch = geloubehaft.   2820 Alsam *Sch* = sam.

2835 mit rede, als ich dich hoere jehen,
daz lâ von dîner schrift gesehen
und ûzer dînen buochen:
sô wil ouch ich versuochen
ob ich vinden müge daz heil
2840 daz ich hie der jüden teil
behüete mit der schrifte mîn.'
'nein' sprach er, 'des mac niht gesîn;
swaz hie rede vür sol komen,
diu muoz von dîner schrift genomen
2845 benamen alliu werden,
dur daz ir ûf der erden
koufet des vertânen vluoch,
daz iuch iuwer selbes buoch
veig unde vellic machen.
2850 ez wirt den widersachen,
an den der kriec einhalben liget,
gar redelichen an gesiget,
sô man si zallen orten
velschet mit den worten
2855 diu durch guoter lêre kraft
gesprochen hât ir meisterschaft.'
    Hie zuo der milte keiser dô
sprach bescheidenlîche alsô:
'mit rehte er sich beschirmen kan
2860 swer überredet einen man
ûz sîn selbes buochen.
wer sol ein schirmen suochen
daz bezzer künne werden?
ob der mensche ûf erden
2865 mit dem urkünde sîner schrift
gevelschet wird, deist ein vergift
sîns rehten und der êren gar.'
der rede bôt Abîathar

2835 ich = *fehlt*.   2842 gesîn *Sch* = sîn.   2845 be-
namen alliu = binamen alle.   2857* Hie = her (hier *G*).
2867* rehten = *hs.* (rehtes *G*).

antwürte dô nâch sîner gir.
2870 er sprach: 'Silvester, sage mir,
des ich dich vrâge an dirre stunt.
sît got dur des prophêten munt
gesprochen hât und wider in:
"kumt her und schouwent diz: ich bin
2875 ein got und niemen anders mê",
nû sprich wie mac dann iuwer ê
gestân so gar dem valsche bî
daz ir wellent daz man drî
göte ûf erden êre
2880 und man ir wirde mêre
mit lûterliches herzen gir.
einen vater üebent ir
und einen sun und einen geist,
dâ von ir velschent aller meist
2885 daz wort daz unser herre sprach,
der mit sîn selbes munde jach:
"ich bin ein got aleine".'
der rede gap der reine
bâbest im antwürte dô
2890 und sprach dâ wider in alsô:
'wir sîn des ungelouben vrî
daz wir gestên drîn göten bî.
eht einen got den êren wir
mit lûterliches herzen gir
2895 und hân zuozim trôstes pfliht.
iedoch ensprechen wir des niht
daz belîbe als eine
der wâre got vil reine
daz er des sunes vröude enber.
2900 sîn êweclicher sun und er
sint ungescheiden alle zît.
uns kündet mîn her Dâvît

2871 ich = *fehlt.* 2874 diz: *Sch* = dis (daz *G*).
2879* ûf = rffe.

von dem sune, als ich vernime,
daz der vater spræche zime:
2905 "ich hân hiute dich geborn,
dû bist mîn sun vil ûz erkorn,
den ich von herzen meine".
hie mite kan der reine
prophête uns wol gewîsen
2910 daz wir sulen prîsen
den vater und den sun dâ bî.
daz ouch der geist ze lobene sî
vil hôhe mit den beiden,
diz hât er uns bescheiden
2915 in dem salter anderswâ.
er sprichet von dem geiste dâ:
"der himel tugent unde ir schîn
hât got mit dem geiste sîn
gevestet und gesterket."
2920 hie bî sô wirt gemerket
daz gelobet werden
der vrône geist ûf erden
mit sune und mit dem vater sol.
ouch durfen wir des harte wol
2925 daz an uns der geloube sî
daz ein got die namen drî
beliben und ie wæren.
sol ich daz bewæren
durnehteclichen unde baz,
2930 Abîathar, sô merke waz
got ûz sînem munde
spræche bî der stunde
dô von der hende sîn geslaht
der êrste mensche wart gemaht.
2935   Er sprach alsus, geloube mir:
"machen einen menschen wir

2904 der = fehlt.   2924 durfen Sch = hs. (durften G).
2933 der = siner.

der gelîch uns selben sî."
dâ maht dû prüeven schône bî
daz got niht alters eine
2940 was, dô sîn zeswe reine
den menschen worhte, als man uns seit.
wan ob sîn drîvalt gotheit
einlich gewesen wære dô,
sîn heilic munt der hæte alsô
2945 gesprochen zuo der reinen:
"ich wil machen einen
menschen nâch dem bilde mîn."
sît nû got unser trehtîn
sprach nâch gemeinen sachen:
2950 "einen menschen suln wir machen",
son was ouch niht aleine
sîn gotheit vil reine.
ich und wir, diu beide,
hânt michel underscheide:
2955 ich einekeit betiutet,
mêrunge wir enbiutet.
dâ von wirt offenlichen schîn
daz got niht eine mohte sîn
an der zît dô diz geschach
2960 daz er zuo im selben sprach:
"einen menschen suln wir bilden."
entvremden unde entwilden
muoz im elliu sælekeit
swer dem gelouben widerseit
2965 daz einlich und drîvaltic
niht sî der got gewaltic
der elliu dinc geschaffen hât.
sîn êwecliche trînitât
mit drîn persônen underweben
2970 kan alsô rîchsen unde leben

2957 offenlichen = offelichen.   2963 elliu *Sch* = elle
(alle *G*).   2964 widerseit = wider steit.

daz geist, vater unde kint
drîvalt in einer vorme sint
und in drîvalter vorme einlich
lânt vinden unde schouwen sich.'
2975   Jôas der ander meister dô
antwürte bôt Silvestrô
und sprach alsus dâ wider in:
'menschlich natûre und menschlich sin
enwellent des niht aller meist
2980 daz sun, vater unde geist
ein got wæren oder sîn.
wie mohte von in allen drîn
werden ein persône?
mich dunket daz niht schône
2985 der kristen ordenunge stê.
daz si pflegen swacher ê,
daz wirt an ir gelouben kunt.'
der rede bôt im an der stunt
antwürte dô Silvester.
2990 bescheidenlichen sprach er:
'dû solt an dînen buochen
lesen unde suochen,
sô vindestû geschriben sâ
daz der vater sprichet dâ:
2995 "dû bist mîn sun den ich gebar"
und daz hin wider rüefet dar
der sun: "dû bist der vater mîn."
hier an sô mac dir werden schîn
daz man an den vater sol
3000 gelouben âne zwîvel wol
und an sînen sun dâ bî.
waz von dem vrônen geiste sî
vür wâr geschriben, ouch daz lis.
Dâvît der machet dich gewis

2972. 2973 vorme = formen.   2986 pflegen *Sch* = *hs*.
(pflegent *G*).

3005 daz er gelîch und ebenhêr
sol disen zwein sîn iemer mêr
unde ie was ân underscheit.
Dâvît der sprichet unde seit
diz wort in dem gebete sîn:
3010 "wirf mich niht, süezer trehtîn,
von dîner klâren angesiht;
dînen geist nim von mir niht,
lâz in bî mir alle zît."
sus redet mîn her Dâvît
3015 von dem vil hêren geiste dâ,
und sprichet ouch got anderswâ:
"von mir gât der vrône geist."
hier an dû prüevest unde weist,
ob dû dich rehte wilt verstân,
3020 daz wir anders niht enhân
gemachet ûz der trînitât
wan daz von ir geschriben stât
an dîn selbes buochen.
wiltû die wârheit suochen,
3025 dû vindest von den namen drîn
daz si müezen iemer sîn
und ie dâ her gewesen sint
ein got ân allez underbint.'
Der werde keiser Constantîn
3030 die süezen antwürte sîn
ze dirre teidinge bôt.
er sprach: 'ez dunket mich ein nôt
unde ein vrömdez wunder
daz ein jüde hier under
3035 überwunden wirt sô gar
mit sîner schrifte und er getar
dannoch gesprechen ihtes iht.
man hœret hie wol unde siht

3016 ouch *H, Sch* = *fehlt.*   3023 dîn = dins, *ebenso*
3279. 3332.   3031* teidinge = tegedinge.

daz man die vrônen trînitât
3040 beziuget und bewæret hât
sô schône und alsô rehte wol
daz man vürbaz niht ensol
von ir sprechen noch endarf.
swaz rede man von ir entwarf,
3045 der wart gegeben ende
ân alle missewende
und ist mit êren vollebrâht.
hât man ze sprechen hie gedâht
anders iht, daz rede man:
3050 von ir ist gnuoc geseit hier an.'
    Gôdolîas gienc dô vür,
der dritte meister, ûz der kür
und sprach zehant nâch sîner gir:
'von dem manne reden wir
3055 von dem geschriben stât alsô
in iuwerm êwangêliô
daz in ein magt gebære,
und daz er lange wære
bî den liuten wonhaft,
3060 und daz er von des tiuvels kraft,
versuochet wolte werden,
und daz er würde ûf erden
verkoufet von dem jungern sîn,
und daz er lite smæhen pîn
3065 von slegen und von stœzen
und man in solte enblœzen
daz er gewandes stüende bar,
und daz geteilet würden gar
mit dem lôze sîniu kleit,
3070 und daz im werden ûf geleit
solte ein krône dürnîn,
und daz er in dem durste sîn

3048* sprechen = sprechene.   3056* iuwerm = uweren
(iuwerem *G*).   3063 dem jungern *Sch* = den jungeren.
3067 stüende = stüde.   3068* daz = *fehlt*.

mit gallen würde getrenket
und an ein kriuze erhenket
3075 würd unde ein ende næme dran,
und daz er als ein tôter man
dar nâch würd in ein grap geleit.
diz allez hât von im geseit
iuwer schrift und iuwer ê.
3080 dâ von ir sündent deste mê,
sît ir geloubent daz sich got
selb in als angestlichen spot
würfe und in sô grimme klage.
daz unser ê dâ von iht sage,
3085 des enbin ich hie niht wer.'
'zwâre' sprach Silvester,
'daz got alsus würde gequelt,
als dû mir hâst hie vor gezelt,
daz wirt an dînen buochen schîn.
3090 vil schône ich hie die marter sîn
mit dîner schrift bewære.
daz in ein magt gebære,
daz lis an Ysâiâ,
der sprichet offenlîche dâ:
3095   "Ein maget sol ûf erden
kindes swanger werden
und einen hôhen sun gebern,
des rîche sol ân ende wern
über allez irdenischez lant.
3100 Emânuêl wirt er genant,
daz ist gesprochen alsô vil
daz got mit uns belîben wil."
    Diz wort daz hât der wîssage
von sîme geburtlichen tage
3105 al der werlde vür geleit.
von sîner wonunge seit

3087* würde = wurde.   3095 ûf = vffe.   3099 irde-
nischez (G schlug ZfdA 2, 372 vor irdisch).

ein ander prophête wîs,
der gît im ouch vil hôhen prîs
und lobet in gar âne spot.
3110 er sprichet: "seht, daz ist der got
der allen wec der wîsheit vant
unde in werden lie bekant
Jacôbe deme kinde sîn
unde in Israhêle schîn
3115 machte, der im ist vil trût.
dar nâch sô wart er überlût
beschouwet ûf der erden
und kunde drûfe werden
wonhaft bî den liuten."
3120 alsus kan uns betiuten
der hôhe wîssag ûz genomen
daz got von himel wolte komen
und lange ûf ertrîche was.
sô tuot uns Zacharîas
3125 von der versuochunge sîn
diz wort an sînem buoche schîn:
Er sprach, als ich gelesen hân:
"Jêsum den grôzen sach ich stân,
bî dem ich zuo der zeswen hant
3130 den tiuvel durch versuochen vant."
hier an sô mahtû prüeven wol
daz man vür wâr gelouben sol
daz got der süeze ûf erden
versuochet wolte werden,
3135 als ez von im geschriben stât.
daz er durch valscher liute rât
gevangen werden solte,
und daz er lîden wolte,
daz hât sîn hôhiu wîsheit
3140 durch Sâlomônes munt geseit.

3125 versuochunge = versuochungē. 3127 sprach *H*,
Sch = sprichet; *so auch G* 3190. 3129 der = *fehlt*

Der redet sus ze diute:
"ez sprâchen arge liute
wider in ûz valscher gir:
den rehten man den sulen wir
3145 begrîfen unde vâhen,
verdrücken und versmâhen,
wand er ist uns unnütze gar."
hier an sô wirdestû gewar
daz gotes sun, der reine Krist,
3150 dur bœsen und dur valschen list
gevangen wart von arger diet.
daz in der junger sîn verriet,
daz kündet uns der wîssage
mit vil jæmerlicher klage.
3155   Dâvît von gote sprichet daz:
"der selbe der mîns brôtes az,
der machte mînen schaden wît,
er leite ûf mich haz unde nît
und wolte supplantieren mich."
3160 dâ bî mahtû versinnen dich
daz got verdrücket wolte
werden unde in solte
verrâten mîn her Jûdas.
daz sîn gewant zeteilet was,
3165 daz stât geschriben anderswâ.
Dâvît von gote redet dâ
und sprichet an der stete sîn:
"si teilten al diu kleider mîn
und hânt geworfen drûf ir lôz."
3170 hie mite uns der wîssage entslôz
daz under sich diu jüdescheit
teilen solte gotes kleit
an sîner marterunge.
daz in der valschen zunge

3156* mîns brôtes = mîn brot.   3158 ûf = vffe,
ebenso 3175.   3164* zeteilet *B* = ze teile.

3175 beziugen solte ûf erden,
daz lât uns allen werden
vil schône der prophête kunt.
got sprach durch sîneu wîsen munt
diz wort vil harte erbermeclich:
3180 "ûf gestanden wider mich
sint geziuge unküste vol."
hier an dîn herze merken sol
daz über sîn vil reinez leben
ein valsch urkünde wart gegeben
3185 an der marterunge sîn.
daz ein krône dürnîn
ûf sîn houbet wart geleit,
daz hât uns lange vorgeseit
der wîse Jêremîas.
3190 er sprach von im, als ich ez las,
als ein prophête lobelich:
"mîn volc hât umbevangen mich
mit sîner sünden dornen."
bî disen ûz erkornen
3195 worten man geloubet
daz gotes heilic houbet
ein dürnîn krône al umbe vie.
daz er wart gevuoret hie
mit ezzich und mit gallen,
3200 daz machet schîn uns allen
der hôhe wîssage ûz erwelt,
der vil von sîner nœte zelt.
er hât diz wort von im geseit:
"gallen hânt si mir geleit
3205 in mîn ezzen bitterlich
und hânt in mîme durste mich
mit ezzich ouch getrenket."
hie bî man des gedenket

3181 unküste *Sch* = vnde kvnste (künste *G*). 3188 vor
= vur.   3198 gevuoret = gevûrit.

von wâren schulden iemer mêr
3210 daz got an deme kriuze hêr
gar bitterlichen wart gelabet.
daz er in spottes wîs gehabet
von der jüdescheite wart,
daz hât entslozzen unde enspart
3215 der guote Jêremîas.
er sprach von im, als ich ez las,
diz wort und disen tiefen sin:
"zeime spotte ich worden bin
den liuten und dem volke mîn."
3220 hier an sô wirt uns allen schîn
daz got an sîner marter
verschimpfet wart vil harter
danne ie man ûf erden.
daz er solte werden
3225 gekriuzet und gebunden,
daz seit in allen stunden
Esdras der hôhe wîssage.
er sprach von im mit grôzer klage:
"Ir hânt gebunden anders mich
3230 dann einen vater lobelich,
der iuch mit helferîcher hant
vuorte von Egyptenlant
unde iu gap sîn himelbrôt.
ir hânt ân aller slahte nôt
3235 verdamnet vor gerihte mich,
an eime holze marterlich
ersterbet hânt ir mir daz leben
und deme tôde mich gegeben."
An disen worten ûz erlesen
3240 mahtû, jüde, sicher wesen
daz got ersterben solte
und daz er tragen wolte

3225* gekriuzet = gekriuciget.
= hellricher.   3242 daz = *fehlt.*   3231 helferîcher

des grimmen tôdes bürde.
daz er begraben würde,
3245 daz hât vür eine wârheit
Jêremîas ouch geseit.
    Der ûz erwelte gotes bote
diz wort gesprochen hât von gote:
"ez. wirt von der begrebde sîn
3250 den tôten michel sælde schîn,
wand ir ein wunder lebende wirt
den sîn trôst vil helfe birt."
hie bî wir wol gemerket haben
daz got der süeze wart begraben
3255 nâch eines wâren menschen site
und er geschuof zehant dâ mite
daz nâch lebelicher art
tôten vil erquicket wart.
wir sîn des alle vil gewis
3260 daz in Jêrosolimis
an sînem tage marterlich
ûf diu greber tâten sich
und vil dar ûz der tôten gie.
sus hân ich dir entslozzen hie
3265 waz der prophêten zunge
von gotes marterunge
gesprochen hât enwiderstrît.
und ob dû mir ze dirre zît
maht bewæren ûf ein ort
3270 daz si niht spræchen disiu wort
und swaz ich hân von in geseit,
sô wil ich sîn dar zuo bereit
daz ich bestê des siges vrî
und ich ein lügenære sî,
3275 der wârez dinc geseite nie.
ist aber daz dû vindest hie
geschriben an dem buoche dîn
daz disiu wort gesprochen sîn

_____

3258 tôten *Sch* = todeu (tôter *G*), *ebenso* 4896.

von dîn selbes wîssagen,
3280 sô lâ dir sêre missehagen
daz unrehte wænest dû.
dîner schrift geloube nû
und lâ dîn valschez kriegen abe,
erkenne daz die marter habe
3285 erliten der gewære got
und dâ bî schamlichen spot.'
   Der werde künic rîche
sprach dô bescheidenlîche:
'sît allez daz geschriben stât
3290 von Kriste daz gesprochen hât
der bâbest hie, sô dunket mich
der jüden kriec gar üppeclich
und ir entschuldegunge.
von gotes marterunge
3295 mit ir selbes buochen ist
beziuget nû bî dirre vrist
und mit ir schrift bewæret wol.
ob man iht anders reden sol,
daz werde schiere vür geleit;
3300 hie von ist rehte gnuoc geseit.'
   Annân der vierde meister dô
trat hin vür und sprach alsô:
'swaz die hôhen wîssagen
in ir zît und in ir tagen
3305 von gote noch gesprâchen ie,
daz sol mit rehten sachen hie
bewæret allez werden,
sô daz ir rede ûf erden
an Jêsu Kriste ervüllet sî
3310 und man erkennen müge dâ bî
daz si niemen meinen
anders wan den einen

3281 unrehte = unreht.   3311 niemen *Sch* = nie-
mannen (nieman *G*).

der die marterunge leit
und wart begraben, sô man seit,
3315 nâch eines tôten menschen site.
uns begnüeget wol dâ mite,
wirt hie bewæret ûf ein ort
daz sich der prophêten wort
ûf Jêsum Krist betiuten gar
3320 und niender treffen anderswar.'
　　Der bâbest heilic sprach dô zime:
'an dîner rede ich wol vernime
daz ich dir muoz bewæren
mit offenlichen mæren
3325 an Kriste der prophêten sage:
swaz si gesprochen hânt ir tage,
daz sol ich rehte entsliezen dir.
dâ von ist durft vil harte mir
daz dû verjehest offenbâr
3330 daz dîniu buoch sint alliu wâr
und swaz dar an geschriben stê.
sît daz ich mit dîn selbes ê
dich überreden hiute sol,
so bedarf ich des vil harte wol
3335 daz dû dînen wîssagen
geloubest und dir wol behagen
ir sprüche lâzest unde ir sin.'
'entriuwen', sprach dô wider in
der meister von der jüdescheit,
3340 'swaz die prophêten hânt geseit,
daz ist geschehen oder geschiht.
dar an ist zwîvelunge niht:
diu wort enmüezen werden
ervüllet ûf der erden
3345 diu von in geschriben stânt.
swaz aber si gesprochen hânt

3320 niender *Sch* = niergen.　　3334 bedarf (*H will* darf).

von gote dem vil reinen,
daz kan dîn zunge meinen
anderswar ze diute.
3350 dû wilt bewæren hiute
daz an Kriste ervüllet wesen
die prophêten, die wir lesen.'
Der bâbest sprach im aber zuo:
'ich sage dir rehte waz ich tuo.
3355 sît daz der wârheit dich bevilt
und dû des niht gelouben wilt
daz würde an Kriste vollebrâht
swes die prophêten hânt gedâht,
sô zeige uns anders eteswen
3360 und nemme uns allen rehte den
von dem uns sî gewîssaget
daz in geberen solte ein maget
und daz er ûf der erden
gepînet müeste werden,
3365 als an der schrifte wirt gelesen.
ob Krist der selbe niht sol wesen
von dem man seit daz wunder,
sô lâz uns den besunder
merken unde wizzen
3370 von dem sich hânt vervlizzen
ze sprechen dîne veter alt.'
der keiser edel unde balt
sprach dô vil tumber sinne vrî:
'Annân der wizze daz er sî
3375 gar offenlichen übersiget
und daz er sigelôs geliget,
ob er niht anders eteswen
mac gezeigen wan eht den
der Krist der süeze wirt genant.'
3380 Dôech der fünfte dô zehant

3348 zunge = zunge̅n. 3371 sprechen *Sch* =
sprechē̅ne. 3374 wizze = wusse. 3376 sigelôs =
siglos. 3378* wan = wand.

sprach alsô: 'des bin ich wer,
uns hât gelobt Silvester
daz er die rehten sache
uns allen offen mache,
3385 wie got geboren würde
und wie des tôdes bürde
sîn lîp ûf erden trüege.
dâ von ist ez gevüege
daz er uns gê der rede niht abe
3390 und tuo daz er geheizen habe.'
    Aber sprach Silvester
mit lûterliches herzen ger:
'ir bâut verjehen offenbâr
daz iuwer buoch sîn elliu wâr.
3395 dâ von merke wie dâ stê
geschriben in der alten ê
unde erkenne wol dâ bî
daz got von einer megde sî
geboren diu vil kiusche was.
3400 ez sprichet Ysâias
"ein magt sol einen sun gebern,
des rîche muoz ân ende wern;
Emânuêl wirt er genant."
daz wort ist uns ze diute erkant:
3405 daz got mit uns belîben sol.
hie bî sô mahtû prüeven wol
daz got ûf erden wart geborn
und sîn ein maget ûz erkorn,
diu lûter unde reine was,
3410 ân aller slahte pîn genas.'
    Dôech dô begunde
swîgen unde enkunde
gebieten niht der rede antwurt.
der keiser edel von geburt

3382* gelobt = gelobet.   3399* geboren = geborn.
3401* magt = maget. einen = ein.

3415 sprach dô: 'des mir diu wârheit giht,
Dôech enswige sô stille niht,
ob er iender vunde
in sînes herzen grunde
ein wort daz disem mære
3420 widerwertic wære
und wol ze kriege töhte.
wizzent, ob er möhte
gesprechen ihtes iht hie wider,
sîn rede læge sus niht nider.'
3425   Der bâbest der sprach aber dar:
'diu vrâge ist ûf ein ende gar
mit rehter antwürte brâht.
der uns wart noch mê gedâht,
welle iemen anders reden iht,
3430 der werde albie gesûmet niht.'
   Chûsî der sehste was genant,
der sprach alsus sâ zehant:
'man sol uns baz entsliezen hie
die sache war umb oder wie
3435 got geberen solte ein maget.'
'entriuwen daz wirt dir gesaget',
sprach der bâbest vollekomen.
'sprich an, hâstû des iht vernomen
unde an dîner schrift gelesen
3440 daz got den menschen ûz erlesen
von erden schuof in alle wîs
und in daz vrône paradîs
gewalteclîche in sazte,
und wie der slange in lazte

3416 *Sch will* sô *streichen oder umstellen* sô stille
enswige.   3428 mê *J* = *fehlt* (her *H*; *Sch liest den vers
der uns dannoch wart gedâht*).   3435 f. *maget: gesaget
= magt: gesagt.   3439 f. an dîner schrift gelesen daz
got den menschen ûz erlesen *G in fußnote* = an der schr.
gelesen das g. den ersten menschen (*a. d schr. gel. ie daz
g. d. e. m hie H*).   3441 *alle = aller, ebenso* 3577. 3686.
3443 gewalteclîche = gewaltêclîche.

3445 mit sînem valschen râte,
daz er dar ûz vil drâte
ze grôzer swære muoste komen?'
'jâ, diz hân ich wol vernomen',
sprach der jüde sâ zestunt.
3450 der bâbest sprach: 'nû tuo mir kunt
und sage mir offenlîche:
weder was daz ertrîche,
dar ûz her Adam wart gebert,
verwandelt oder unverwert
3455 oder was ez maget oder niht?'
'ine weiz', sprach er, 'waz diu geschiht
und disiu vrâge meine.'
dô sprach der bâbest reine:
'son hâstû lîhte niht vernomen
3460 und bist niht ûf ein ende komen
wie got der ûz erwelte sprach,
dô daz êrste mort geschach,
daz Kayn sluoc den bruoder sîn?
got, unser lieber trehtîn,
3465 sprach, als mir diu wârheit swert:
"diu erde magt und unverwert
slôz ûf ir munt und tranc in sich
dîns bruoder bluot vil klegelich".'
'Diz las ich ouch', sprach Chûsî,
3470 'unde erkenne wol dâ bî
daz unverwert diu erde was
dô si des menschen êrst genas
und drûz Adam gebildet wart.'
der bâbest guot von kiuscher art
3475 sprach aber zim: 'diu rede ist wâr,
dû seist die wârheit offenbâr:
si was ein maget dannoch,
wan kein schrunde noch kein loch

3452 *H streicht* weder.   3455 f. *G möchte* oder *in* od
verwandeln und sprach er *streichen.*   3464 Got *Sch* = do
got (dô *G*).   3469 *will Sch umstellen* ouch ich.

dar în von starkem bûwe gie
3480 und was dar ûz kein dorn nie
gewahsen noch gegangen.
ouch was sie dem slangen
dannoch zeim ezzen niht gegeben,
der sît ir gnâden muoste leben
3485 und mit ir wart gespîset hie.
ouch was dar în begraben nie
kein tôter mensche dannoch,
dâ von si was ein maget noch
und âne wandelunge stuont,
3490 als alle kiusche megde tuont.'
 Chûsî der sprach: 'ez ist alsô.'
dâ von der bâbest aber dô
leite im dise rede vür.
er sprach: 'sît daz dîn herze spür
3495 daz ich dir habe die wârheit
gar lûterlichen hie geseit,
sô merke waz ich meine gar
und nim bescheidenlîche war
waz disiu wort ze diute sint.
3500 reht als Adam, der erden kint,
von einer megde wart geborn
und durch des tiuvels rât verlorn,
alsô muost ûz der erden
und von der megde werden
3505 ein niuwer Adam ouch gemaht,
der hie den tiuvel ungeslaht
überwunde sâ zehant,
als er den menschen überwant
dort in dem paradîse.
3510 reht in der selben wîse
als er im wunne dort benam,
sus brâht in hie der niuwe Adam

3480 dar ûz kein dorn nie = hs (d. û. dehein d. nie H,
kein d. dar ûze nie Sch).　3483 zeim = zeinim.　3485 ge-
spîset = gespriset.　3487 dannoch = deñoch.　3493 rede
vür = rede abir fuir.　3502* durch = dur.

wider ûf der vröuden hort.
der selbe der Adamen dort
3515 überwant mit listen,
der wart hie Jêsum Kristen
versuochend in der wüeste,
dâ von der tiuvel müeste
von schulden ûf der erden
3520 gar übersiget werden.
    Der slange dort die liste vant
daz er Adamen überwant
mit ezzen und mit spîse.
dâ wider vant der wîse
3525 und der vil ûz erwelte Krist
den nützen und den hôhen list
daz er den slangen überstreit
mit sîner vaste, die er leit
vierzic tage ân underlâz.
3530 reht als Adam den apfel gâz
het und dar umbe und durch die nôt
lac allez menschlich künne tôt,
sus muoste mit der vaste sîn
Krist, unser lieber trehtîn,
3535 den liuten allen wider geben
ein stætic unde ein êwic leben.
    In solher mâze als alle die
den grimmen tôt erwurben hie
die von Adame kâmen,
3540 sus vunden unde nâmen
daz leben alle die vür wâr
der lîp in deme toufe klâr
vil schône wart geboren wider
unde ir bluot und ouch ir lider
3545 in selben gar ze guote
gesellet hânt dem bluote

3514 Adâmen = Adame, *ebenso* 3685.   3530 gâz *Wolff*
AfdA 13, 239 = az.   3531 Het *Wolff* = *fehlt.*   3538 er-
wurben *G̣ in fußnote, Sch* = erwᵘrben.

und ouch dem vleische Kristes,
der mit der kraft sîns listes
den leiden tiuvel überwant.
3550 er gap mit sîner edeln hant
uns daz paradîse wider
unde entslôz die porte sider
des lebens êweclîche
dort in dem himelrîche.'
3555 Nû disiu rede ein ende nam,
dô wart der keiser lobesam
den werden bâbest rüemende
und sînen prîs dâ blüemende
mit minneclichen worten.
3560 er lobte in allen orten
sîn antwurt und die rede sîn
und tet im hôhe wirde schîn.
Der sibende meister von der ê
gie dô vür. waz sol des mê?
3565 der was geheizen Bônoim.
er sprach: 'keiser, dû vernim
waz ich dir sage an dirre vrist.
diu stunde noch niht komen ist
und diu zît diu dar zuo tüge
3570 daz man Silvestrum loben müge.
wir vinden in der alten ê
und an der schrift noch vrâge mê
die man im vür sol werfen hie.
entsliuzet er ze rehte die
3575 und gît ir aller antwurt,
keiser edel von geburt,
sô wirt im ouch in alle wîs
von uns geseit lob unde prîs.
Der bâbest heilic aber sâ
3580 sprach bescheidenlîche dâ:

3548 sîns = sines.　　3554 dem = den.　　3561 ant-
wurt *Sch* = antwürte.

'die daz unreht schirmen went,
der muot sich gerne dar ûf sent
und stât ouch dar nâch ir gerinc
daz si mit langer teidinc
3585 daz lop der wârheit irren gar.
si redent her, si redent dar,
durch daz die gæhes niht gesigen
und in mit kriegen ob geligen
die rehte sache vüerent hie.
3590 seht, alsô werbent alle die
der muot gestât dem valsche bî.
sît daz nû daz ir vröude sî
unde ir trôst, sô sî alsô
daz si belîben danne vrô,
3595 sô rehter sig ûf erde
von in gesûmet werde.
    Doch vrâge dû mich, Bônoim,
swes dû wellest und vernim
dâ wider mîn antwürte gar,
3600 durch daz dû werdest hie gewar
daz der vil hêre gotes geist
ûz mînem herzen aller meist
red unde spreche gegen dir.'
der jüde sprach: 'dû sage mir
3605 und biut mir nu dîn antwurt.
man hât alhie von der geburt
gevrâget niht aleine dich;
die strengen marter angestlich
die Krist an deme kriuze leit
3610 hât man dir ouch vür gespreit
mit offenlicher vrâge doch.
dâ von ist ungantwürtet noch

3582 dar = da.   3584* teidinc = tegedinc, *ebenso*
3921. 4749.   3605 antwurt = antwrte.   3606 geburt
= geburte.   3608 Die strengen = div strenge.   3609
deme *Sch* = dem.   3611 vrâge = vragen.   3612 un-
gantwürtet = vngๆtwrtet.

und harte lützel hie gesaget.
daz Jêsum Krist gebar ein maget,
3615 dâ von hât uns ein teil dîn munt
geseit bî dirre selben stunt,
und wart noch niht verrihtet
daz ander noch verslihtet
daz man dir hie vür werfen sol.
3620 von diu bedarf man harte wol
daz man daz lop des siges spar
biz daz man ûf ein ende gar
entslieze dise vrâge,
die man dir niht ze trâge
3625 vür legen unde spreiten sol.
wirt ir hie gantwürtet wol,
sô wirt alrêrst dîn sigenuft
ganz ân alle valsche guft,
alsô daz ir vil hôher prîs
3630 gelobet wirt in alle wîs.'
    Der bâbest sprach: 'diu rede ist sleht,
iedoch sô dunket mich daz reht
daz dû die wârheit ane sehest
und dû zem êrsten hie verjehest
3635 daz ich nû bî dirre vrist
bewæret habe daz Jêsus Krist
geborn von einer megde sî.
gestât mir des dîn zunge bî,
zwâre sô geloube mir
3640 daz ich danne wil mit dir
reden unde strîten
von den swæren zîten
und von der strengen arbeit
die got vor sîme tôde leit.'
3645 Constantîn sprach aber dar:
'reht unde redelichen gar

3644 vor *Sch = hs.* (von *G*).   3646 redelichen =
redenlichen.

antwürte gît der bâbest nû.
zem êrsten offenlîche dû
solt uns allen hie verjehen
3650 daz rehtiu rede hie sî geschehen
von der gebürte an dirre zît,
durch daz man in den selben strît
wider niht envalle,
sô diu vrâge ist alle
3655 entslozzen ûf ein endes zil
die man hie vür noch sprechen wil.'
der worte gap der jüde antwurt,
er sprach: 'man hât von der geburt
billîche wol gantwürtet doch,
3660 ob diu nâch gânde vrâge noch
dem êrsten sige niht wirret
und niht sîn lop verirret.'
    Der bâbest sprach: 'nû künde mir
waz gât hie nâch?' 'daz sage ich dir',
3665 sprach Bônoim dô sâ zestunt.
'tuo mir diu rehten mære kunt,
wie gotes sun ûf erden
versuochet mohte werden
von dem tiuvel angestlich.
3670 sprich an, wie daz gevuogte sich
daz er dur grôze hungers nôt
in hieze ûz steinen machen brôt
unde in springen bæte sider
von dem himelze her nider
3675 in den gotes tempel hin,
wie daz kæme daz er in
dar nâch sich hieze beten an,
wolte er ein gewaltic man
aller rîche ûf erden
3680 heizen unde werden.'

3650 rehtiu = rehte.   3660* gânde = gênde.   3661
sige = sigen (*Sch möchte lesen* dem sige niht enwirret).
3667 ûf = vffe, *ebenso* 3679. 3977.   3671 er = nu.
3678 ein = *fehlt*.

  Aber sprach der bâbest zim:
'dû hâst vergezzen, Bônoim,
daz ich hân dâ vor geseit,
der mit dem ezzen überstreit
3685 Adamen in dem paradîs,
daz der muoste in alle wîs
von Jêsu Kriste ûf erden
überwunden werden
mit der vil reinen vaste guot.
3690 Adam durch sînen übermuot
des tiuvels rât erhôrte,
wande er in vertôrte
daz er den willen sîn begie.
dâ von der leide tiuvel hie
3695 versmâhet wart biz ûf ein ort,
alsô daz Krist dô sîniu wort
ervüllen niht geruochte,
dô in sîn rât versuochte.
wir ensprechen niht daz ie
3700 gotes sun versuochet hie
werden möhte in keiner vrist:
des menschen sun, der reine Krist,
an den diu reine gotheit
volleclichen was geleit,
3705 der wart versuochet eine
reht als an im diu reine
gotheit vil schône lac,
diu niht versuochet werden mac,
sus lac diu menscheit ouch an im.
3710 dâ von sag ich dir, Bônoim,
daz an im versuochet wart
swaz von menschlicher art
natûre was an in geleit:
swaz aber von der gotheit
3715 iender an im teiles was,
daz mohte niht, als ich ez las,

3686 der *Sch* = *hs.* (er *G*).

an im versuochet werden.
sîn menscheit ûf der erden
muoste bî den zîten
3720 den tiuvel überstrîten,
als der tiuvel übervaht
den menschen dort mit sîner maht.
      Hæte ein mensche vollekomen
an deme niht den sic genomen
3725 der listeclichen überstreit
die vollekomen menscheit,
sô wære Adames grôz verlust
und des tiuvels âkust
menschlicher diet ze schaden komen
3730 und möhte uns niht der sic gevromen
den Krist an deme tiuvel nam.
reht als der megde sun Adam
wart von dem tiuvel überstriten
und die den tôt dar umbe liten
3735 die von im sît geboren sint,
sus überwant der megde kint,
Marîen sun, den tiuvel hie
und mahte lebend alle die
der lîp von süntlicher art
3740 in dem reinen toufe wart
kristenlichen widerborn.
dâ von diz wort vil ûz erkorn
got selbe sprichet offenbâr:
"swer niht in dem toufe klâr
3745 schône widerboren wirt,
der muoz ersterben unde enbirt
des lebens êweclîche";
wan von dem ertrîche

3726 vollekomen = vollekomene.   3727 *grôz = *fehlt.*
*verlust = *hs.* (vlust *G*, muotgelust *H*).   3731 *deme
= dem.   3739 süntlicher *Sch* = *hs.* (sündelicher *G*).
3741* widerborn = wider geborn.   3745 widerboren
= wider geboren (*Sch stellt um* geboren wider schône wirt).

dem menschen ist geboren an
3750 daz er dem tôde wahsen kan
und er verliesen muoz sîn leben.
ouch ist im ein geburt gegeben
von dem geiste daz er sol
wahsen deme lebene wol
3755 und daz er iemer êwic ist.
die geburt entslôz uns Jêsus Krist
an der zîte dô sîn kraft
wart an dem tiuvel sigehaft,
der in versuochte, sô man giht.
3760 versmâhen soltû gotes niht
durch daz er wart versuochet,
den tiuvel gar vervluochet
versmâhe durch die swachen art
daz er übersiget wart.
3765   Adam eht zeinen stunden
mit listen überwunden
von dem tiuvel wart vür wâr:
sô wart der tiuvel offenbâr
von Kriste drî stunt überstriten
3770 und an dem sige sô versniten
daz sîn einvaltiger prîs
wart in drîer hande wîs
geswachet unde widertân,
als ich vür wâr gelesen hân.
3775   Des siges den dô Krist gewan,
des wære gnuoc gesîn dar an
daz er vastend übervaht
den tiuvel, der mit sîner maht
Adamen ezzend überwant.
3780 swaz volge er an den menschen vant
mit dem râte sîns gebotes,
daz wart mit der versmæhde gotes

3756 *H streicht* Jêsus, *Wolff z. Halb. bir 129 vermutet*
die burt.   3757 sîn = sine.   3772 drîer = driger.
3776 wære = wer.

sô voll=clîche widert&n
daz siges mê niht dörfte h&n
3785 erworben der vil süeze Krist
wan eht bî der einen vrist
dô der tiuvel im gebôt
daz er ûz steinen mahte brôt
und er dar umbe niht entete.
3790 got hæte im an der selben stete
vergolten mit dem einen wol,
wan daz sîn herze was sô vol
des wâren und des rehten
daz er wolte ervehten
3795 drîvalten sige &n allen haz,
dur daz der tiuvel deste baz
von wâren schulden müeste jehen
im wære unrehtes niht geschehen.
  Wenn aber daz ergienge
3800 daz got den sige enpfienge
drîvalteclîche, daz vernim
und merke rehte, Bônoim,
wes ich dich underwîse.
dô Lucifer mit spîse
3805 Jêsum Krist versuochte
und er des niht geruochte
daz er im volgen wolte d&,
sich, dô begunde er ies&
versuochen mit der hôvart in.
3810 er vuorte in ûf den tempel hin
und hiez in drabe springen.
er wolte in gerne twingen
ûf üppeclichen übermuot.
sît er mit sîner vaste guot
3815 d& vor gesiget hæte,
sô wolte der unstæte
daz in diu selbe sigenuft
gewîset hæte ûf ruomes guft

3786* wan = wand.   3811 in = fehlt.

unde in hôvertigen sin,
3820 sô daz er zuo der erden hin
durch lop gesprungen wære så
und er bewæret hæte då
mit dem selben sprunge
daz im diu samenunge
3825 der liehten engel wæge
und sîn mit huote pflæge,
als im geheizen hæte
mit sînen worten stæte
der wîssage Dâvît.
3830 er hæte in gerne bî der zît
zuo dem übermuote brâht
daz er hæte alsus gedâht:
"sît daz ich hân den sic genomen
mit mîner vaste vollekomen,
3835 sô wil ich ouch bewæren hie
mit dem sprunge daz mir ie
der engel huote bî gestuont
und si mir noch ir helfe tuont
schîn und offenlîche erkant."
3840 alsô wolt in der vâlant
gereizet hân ûf hôvart.
des im dô niht gevolget wart,
wand er versmâhte sîn gebot.
diz tet der ûz erwelte got
3845 dem menschen zeiner bîschaft vor,
durch daz er nâch in sîme spor
dêmüeteclîche træte
und keiner guottæte
ûf erden überhüebe sich;
3850 ob sîn gebet vil lobelich
und ouch sîn vaste wære,
daz er doch verbære

3829 Der wîssage Dâvît *H* = d. w. da wider D. (d. w.
mîn her D. *G*, dâ wider mîn her D. *Sch*). 3845 bîschaft
= bischafte.

gar üppeclichen übermuot
und er sich diuhte niht sô guot
3855 daz er gedæhte: "sich, ich hân
wider got so wol getân,
sô muoz mir wol gelingen
an allen mînen dingen."
　　Diz bilde gap der süeze Krist
3860 den menschen an der selben vrist
dô sîn heilic lîp hie wart
versuochet mit der hôvart,
als ich iezunt hân geseit.
ouch wart er mit der gritekeit
3865 dar nâch versuochet alzestunt,
dô zim der leide hellehunt
sprach er solte in beten an,
ob er ein gewaltic man
wolt aller rîche werden.
3870 sus hete in ûf der erden
der arge tiuvel ungeslaht
vil gerne gîtic dô gemaht.
　　Daz half in aber kleine,
wan Jêsus Krist der reine
3875 nam lützel sîner rede war.
dâ mit er uns ein bilde bar
und gab uns eine bîschaft
daz wir durch keines guotes kraft
ûf erden gritic solten sîn.
3880 got, unser lieber trehtîn,
wart ouch mit der vrâzheit
versuochet, als ich hân geseit,
dô der tiuvel im gebôt
daz er ûz steinen mahte brôt.
3885 dar umbe er doch vil wênic tete,
wande er an der selben stete
sprach zim, als ich geschriben las:
"ganc dîne strâze, Sathanas.

3878 guotes = güte.

man liset an den buochen
3890 daz dû niht solt versuochen ·
den herren dîn und dînen got,
dû muost ervüllen sîn gebot
und solt im werden diensthaft."
hie mit uns ouch ein bîschaft
3895 von Jêsu Kriste wart gegeben
daz wir alle ein kiusche leben
vil gerne sulen vüeren
und uns niht lâzen rüeren
die gar vertânen vrâzheit.
3900 nû hân ich dir vil gar geseit
die sache war umb oder wie
von dem argen tiuvel hie
versuochet wart der süeze Krist.
dâ von dû, jüde, an dirre vrist
3905 geloube mit uns âne guft
und hilf uns gotes sigenuft,
diu drîvalteclîche ergie,
prîsen unde loben hie
mit herzen und mit munde,
3910 durch daz dû zaller stunde
entrinnest sîner lâge noch,
der Jêsum Krist versuochte doch:
swie sîn kraft und sîn gewalt
sî michel unde manicvalt.'
3915 Nû daz diu rede ein ende nam,
dô wart der keiser lobesam
und daz volc gemeine
den werden bâbest reine
prîsend unde rüemende.
3920 si wurden alle blüemende
mit lobe sîne teidinc.
der ahte meister in den rinc
trat hin vür dô sâ zehant.
Archêl was er genant

3893* diensthaft = dienstaft (dienesthaft *G, Sch*).   3924
*Archêl = Arkel.

3925 und sprach alsô: 'des bin ich wer,
mit sîner schrift Silvester
wil uns überwinden hie
und velschet offenliche die
gelübde sîn mit worten:
3930 er krenket zallen orten
die wâhrheit sîn. waz sol des mê?
er het uns daz geheizen ê
daz er in unsern buochen
urkünde wolte suochen
3935 dâ mit er uns geswachte
und sigelôs hie machte:
der rede enhât er stæte niht.
allez daz des er gegiht,
daz ist von sîner schrifte gar.'
3940 der bâbest der sprach aber dar:
'der milte keiser mære
und alle die rihtære
gedenken hie der wârheit.
allez daz ich hân geseit
3945 von der geburt des wâren gotes
in dem namen sîns gebotes,
daz nam ich ûz ir buochen.
ouch hân ich sîn versuochen
daz im der leide tiuvel tete
3950 mit ir schrift an dirre stete
bewæret ûf ein endes zil.
ich hân gesprochen alsô vil
von ir ê bî dirre vrist
daz mir von in gevolget ist
3955 ein teil der rehten mære.
si jâhen ob daz wære
an Jêsu Krist ervüllet gar
daz die prophêten meines bar

3927 Wil = wilt.   3951 ûf ein endes = vffe sindes.

von gote noch gespræchen ie,
3960 sô hæte ich redelichen hie
entslozzen al ir vrâge.'
der keiser niht ze trâge
antwürte bôt der rede dô
und sprach bescheidenlîche alsô:
3965 'Archêl vergezzen hât
durch eîne valsche missetât
waz hie vor geredet ist.
er wil an dirre selben vrist
grôzen kriec uns briuwen
3970 und alte vrâge erniuwen,
diu zerlœset wart sô wol
daz man ir vürbaz niht ensol
gedenken nû bî dirre zît;
er wil uns üppeclichen strît
3975 gerne machen umbe niht.
ob daz von tôrheit im geschiht
sô sol ez im ûf erden
von uns vergeben werden:
geschiht ez aber von unkust,
3980 sô hüeten uns vor der verlust
diu dervon geschehen kan.
ich erteile daz der man
swîg an gerihte stille
den sîn tumber wille
3985 oder sîn valschaft gedanc
ûf üppecliche rede twanc.'
Hie mit er wart gesweiget sô
daz er niht mê getorste dô
sprechen, ob ich rehte spür.
3990 dar umbe gie der niunde vür,
der waz geheizen Jôbal.
'ir herren', sprach er über al,
'mich nimt des michel wunder
war umbe ir hie besunder

3971* Diu = die.

3995 den bâbest alle prîsent
und in mit rede wîsent
in sô hôhes lobes guft.
ir jehent im der sigenuft
und dâ bî ganzer werdekeit,
4000 und hât noch anders niht geseit
von schriften noch von buochen
wan daz er daz versuochen
Kristes unde sîne geburt
mit redelicher antwurt
4005 entslôz hie niht ze trâge.
daz græzer teil der vrâge
die man im sol vür werfen noch,
daz ist hie vor beliben doch
und wart noch niht zerlœset hie.
4010 wir vrâgen war umb oder wie
got nâch eines menschen site
ûf dem ertrîche erlite
sô grimmer nœte bürde
daz er verkoufet würde,
4015 geschimpfet und gevangen,
gekrœnet unde erhangen,
ertœtet und dar nâch begraben.
des alles wir gevrâget haben
und wisten gerne sunder spot
4020 wie diz erlîden solte got,
der himel, mer und erden
und elliu dinc hiez werden.'
    Der bâbest heilic an der stunt
ûf tet den sînen werden munt
4025 und sprach, als uns diu wâhrheit giht:
'Jôbal, dun hâst gemerket niht
daz ich dâ vorne hân geseit,
daz got die marter niht erleit

4002* Wan = wand.   4006 græzer = grosser.
4018 Des alles = des alliz (daz allez *Sch*).   4019 wisten
= wissen.

noch kein strengez ungemach.
4030 ich hân gesprochen unde jach
daz der wâre mensche Krist,
der gotes sun von himel ist,
nôt und angest hât getragen
und an ein kriuze wart geslagen
4035 um unser aller missetât.
den tôt vür uns geliten hât
der megde sun ûf erde,
von dem hie got der werde
sprach zuo hern Abrehâme:
4040 "mir sol dîn reiner sâme
alle diet mit hôher kraft
gewinnen zeiner erbeschaft."
Sus wart gelobet uns von ime.
an der gelübde ich wol vernime
4045 daz wir alle ûf erden
von Kriste muosten werden
behalten und gewunnen gote,
wan Krist vil gar nâch gotes gebote
hern Abrehâmes künne was,
4050 dô sîn ein maget hie genas.
ouch sprach zuo hern Dâvît
got wîlen in der alten zît
diz wort von Kriste mit genuht:
"ich setze dînes lîbes vruht
4055 ûf dînen stuol ân endes zil."
diz was gesprochen alsô vil
daz der getriuwe reine Krist,
der von Dâvîde erboren ist,
besitzen sol daz rîche
4060 sîns vater êweclîche.
Der selbe Krist vil ûz erwelt,
von dem uns sint diu wort erzelt,

4051 zuo hern Dâvît = zuo hern Davide (ze h. Davîte
H, ze mîm hern Dâvît Sch). 4052 wîlen Sch = fehlt.
zît = zide (zîte H).

der leit der nœte bürde
daz er gepînet würde,
4065 des wolte er dô geruochen.
er lie sich hie versuochen
durch daz wir zallen stunden
den tiuvel überwunden
und die versuochunge sîn.
4070 er leit hie arbeit unde pîn
durch daz wir deste harter
alle strenge marter
êweclîche dort vermiten.
er hât den grimmen tôt geliten
4075 dar umbe daz er âne spot
den strengen tôt und sîn gebot
möht under sich gezücken
und alsô gar verdrücken
daz uns sîn grimme swære
4080 vürbaz kein schade wære.
die gnâde tet uns Jêsus Krist,
der gotes sun von himel ist
und des diu maget hie genas.'
nû daz diz wort geredet was,
4085 dô sprach aber Jôbal:
'sô hœre ich wol an dirre zal
daz gotes süne zwêne sint,
der eine ist dort des vater kint,
der ander hie der megde barn.'
4090 'nein, alson ist ez niht gevarn',
sprach aber dô Silvester:
'ich bin des âne zwîvel wer
daz ein und ein an Kriste sint
der megde sun und gotes kint
4095 und niht an in gesundert ist.
swaz aber der vil süeze Krist
von der wâren gotheit
teiles hât an sich geleit,

4081 Jêsus = Jesu.

daz ist ungesihteclich,
4100 und swaz er teiles hât an sich
von der menscheit genomen,
daz wart gesehen unde ist komen
ze liehte ûf ertrîche.
der vollekomenlîche
4105 und der ûz erwelte got
leite an sich ân allen spot
die vollekomen menscheit,
durch daz er volle sælekeit
den liuten gæbe ûf erden.'
4110 der rede bôt dem werden
Jôbal sîn anwürte dô
und sprach dâ wider in alsô:
'Sît daz dû wilt bewæren
daz bî ein ander wæren
4115 diu menscheit und der wære got,
sô ger ich ân allen spot
daz dû mir sagest rehte wie
möhte daz geschehen ie
daz diu menscheit unde ir art
4120 gepînet unde ertœtet wart
und dâ bî diu gotheit
vor marterlicher arbeit
sô volleclichen wart behuot.
swâ man zwei dinc zesamne tuot
4125 und mit ein ander pînet gar,
wie mac daz eine pînes bar
gewesen und daz ander niht?
ob man si dâ gemischet siht
volleclichen under ein,
4130 son mac daz eine von den zwein
die marter niht vermîden:
si müezen sament lîden

4100 er = *fehlt.*   4106 an sich *H, Sch* = *fehlt*
(an *G*).   4126 eine = eines.   4132 müezen = mvzent.

angest unde grimme nôt.'
der rede im antwürte bôt
4135 der bâbest ganzer tugende vol,
er sprach: 'ez wirt bewæret wol
mit eteslicher bîschaft
daz zwei dinc sint samenthaft
sô daz ir einez drunder
4140 lîdet nôt besunder
und dâ bî daz ander treit
enweder nôt noch arbeit.'
    Jobal der sprach im aber zuo:
'daz man zwei dinc zesamne tuo
4145 und einez kumber lîde
und nôt daz ander mîde,
daz kan niemer werden,
wand ez wert ûf der erden
diu natûre und ir gebot.
4150 wart diu menscheit unde got
zein ander sus gemischet hie,
wie mohte dô geschehen ie
daz wunderliche wunder
daz einer wart dar under
4155 gepînet und daz ander niht?
sît daz si beide, sô man giht,
wurden hie gevangen
und sament ûf gehangen,
sô dunket mich unmügelich
4160 daz ir einez möhte sich
als angestlicher nœte erholn
und daz ander müeste doln
sô bitterlichez ungemach.'
der bâbest aber z'ime sprach:
4165 'dû redest als ein jüde sol.
ob ich dir hie bewære wol

4164 *z'ime = z'im (zuo z'im *G*).

mit schœner bîschefte guot
daz man zwei dinc zesamne tuot
und einez kumber lîdet
4170 und nôt daz ander mîdet,
Jôbal, sô wil gedingen ich
daz die rihtære lobelich
erteilen bî den stunden
daz dû sîst überwunden.'
4175   Der keiser sprach: 'diz sol geschehen.
wil er dir nicht der volge jehen,
sô wil ich doch erteilen daz
daz er swîge ân allen haz,
ob daz dinc bewærest dû
4180 des dû dich underwindest nû.'
der bâbest der sprach aber dar:
'an dem kleide purpervar
daz der keiser hât an ime,
bîschaft unde bilde ich nime
4185 und wil mit rehten mæren
diz dinc dar an bewæren
daz ich hie beziugen sol.
ir wizzent und verstânt iuch wol
daz diu künecliche wât
4190 die der keiser an im hât,
was zem êrsten wolle,
und wart dâ michel volle
von rôtem bluote zuo getân,
dâ von diu wolle sunder wân
4195 enpfie der rîchen varwe schîn
und werden muoste purperîn,
als ir noch wol schînet an.
nû man von êrst die wolle span,
dâ bî was diu varwe rôt,
4200 dô leit diu wolle dâ die nôt

4171* Jôbal, sô wil gedingen ich = J., so gedinge ich
(J., sô geding ich H, J., sô gedinge ouch ich oder sô ge-
dinge, Jôbal, ich Sch). 4200* dâ die = die (dise oder eine G).

und was diu varwe ân allen pîn.
ir liebter wunneclicher schîn
dekeiner swære wart gewent,
dô diu wolle wart gedent
4205 und zeinem vadem wart gedrât.
sît man nû wol gehœret hât
daz zwein dingen alsus ist,
sô wil ich mezzen, wizze Krist,
die wolle zuo der menscheit,
4210 diu nôt an deme kriuze leit,
und wil die küneclîchen
varwe nû gelîchen
der gotheit vil lieht gevar,
der diu marter niht enwar,
4215 dô si gemischet, als ich las,
zuo der menscheite was.'
  Constantîn der mære
und alle die rihtære
jâhen dô gemeine
4220 daz der bâbest reine
ûz hôher sinne krefte
mit liehter bîschefte
bewæret hæte disiu dinc.
sus trat der zehend in den rinc,
4225 der was geheizen Thârâ
und sprach vil zornlîche dâ:
'der bîschaft dunket mich niht gnuoc
der nû der bâbest hie gewuoc,
wan mit ein ander garwe
4230 diu wolle und ouch diu varwe
den kumber müezen lîden:
si lânt sich sament snîden
und mit einer ander spinnen,
ouch mügens niht gewinnen

4210 deme *Sch* = dem.   4224* zehend = zehnde.
4225 Thârâ = hara.   4232 Si lânt *G in Fußnote* = so
lat.   4234 mügens *G in Fußnote* = si mugent.

4235 hier an kein underscheide.’
diz widerretten beide
der keiser und die sîne gar
und sprâchen algelîche dar
daz diu wolle kumber lite
4240 und dâ bî diu varwe mite
alle kumberliche nôt.
der rede im antwürte bôt
der bâbest aber dô zehant.
er sprach: ‘ir herren, sint gemant
4245 daz ir vernement alle mich.
ein ander bîschaft die wil ich
spreiten vür hie disem man,
die kein jüde ûf erden kan
mit rede widertrîben wol.
4250 ein bilde ich aber geben wil
dar an man zwîvels niht enbât.
ein boum, der ûf der erden stât,
dâ diu sunne schînet an,
der muoz von schulden unde kan
4255 sich zuo ir glaste mischen,
wan dâ niht enzwischen
underscheide mac gesîn;
der boum und ouch der sunnen schîn
hânt sich dâ gesellet.
4260 nû wirt der boum gevellet
vil lîhte von geschihte gar,
und kumt ein man gegangen dar
der in beginnet houwen.
hier an sô mac man schouwen
4265 vil offenliche bîschaft:
swenn er ûz aller sîner kraft
houwet unde sleht dar în,
sô lât der liehten sunnen schîn
niender sich versnîden.
4270 der boum muoz eine lîden

4255 glaste = gleste.   4261 Vil *G in Fußnote* = vnd.

den kumber, alsô dunket mich,
wan daz wâfen engestlich
enpfâhen kan der sunnen glast
ê der stam und ouch der ast
4275 gerüeret werden von dem slage.
geloubet mir daz ich iu sage,
swie si niht gescheiden sîn
der boum und ouch der sunnen schîn,
doch wirt diu sunne niht versniten
4280 und hât der boum die nôt geliten
swenn er dâ lît verhouwen.
hier an sô mac man schouwen
bild unde rehte bîschaft,
swie si wæren samenhaft
4285 got unde mensche beide,
daz gote niht ze leide
an sîner krefte dô geschach
kein swære noch kein ungemach
und nam der mensche am kriuze hêr
4290 nôt unde marterlichez sêr.'
    Diu guote rede in allen
begunde alsô gevallen
daz niht diu kristenliche schar
den bâbest missewende bar
4295 prîsen kunde aleine;
in lobten ouch gemeine
die jüden bî der zîte.
nû wolte deme strîte
der keiser ende hân gegeben
4300 und âne kriec si lâzen leben.
    Dô sprach der reine bâbest vrôn:
'Zambrî unde Zêleôn

4282 Hier an = heran.   4288* swære = ser (smerze
Sch; H wollte lesen dehein sêr).   4289 der mensche
= die mēnscheit. *am = ā dem (ame G).   4290* marter-
lichez = marterlichen.   4298* deme = dem.   4800* keiser
ende = keiser ein ende (künec ein ende G).

sint noch übersiget niht.
ob den diu state niht geschiht
4305 daz si gevrâgen eteswes,
sô wænent si vil lîhte des
daz wir sô vaste ir meisterschaft
entsitzen unde ir künste kraft
daz wir si niht ze rede komen
4310 lâzen wellen durch den vromen
daz si uns niht gesigen an;
dâ von ich des in beiden gan
daz si vrâgen swes si gern.
antwürte sol ich si gewern
4315 dar nâch als ez mir ist gewant.'
Zêleôn sprach dô zehant:
'daz unser vrâge dunket dich
reht unde dar zuo billich,
dar an tuostû dir selben wol.
4320 dû redest als der reden sol
der kunst hât unde liste.
swaz ie von dîme Kriste
unser edeln wîssagen
hânt gesprochen bî ir tagen,
4325 daz entsliuz uns hiute
und sage mir hie ze diute
die sache war umb oder wie
lit alsô grôzen kumber hie
der selbe Krist ûf erden.
4330 lâ mich bewîset werden
der lasterlichen smâcheit
und des spottes den er leit
in sîner manicvalten nôt.
sînen marterlichen tôt
4335 entsliuz ouch nû von grunde mir,
durch daz wir alle noch mit dir

4309 ze rede *H, Sch* = ze den (zem 'ringe *oder* zem
kriege *G*). 4311 uns niht = niht uns. 4312 des in
= in des. 4325 entsliuz *Sch* = entsliuzest du. 4326
Und = unde (nu *G in Fußnote*).

an in geloubic werden
und iemer ûf der erden
den namen sîn hie prîsen.
4340 mahtû mich underwîsen
von im der wârheite,
sô mêre ich unde breite
sîn lop in allen orten
mit werken und mit worten.'
4345   Antwürte im gap der bâbest dô
und sprach dâ wider in alsô:
'swer rehte vrâge entsliezen sol,
der bedarf der liute harte wol
die mit hôhem vlîze gar
4350 bieten herze und ôren dar
und wol die rede merken.
dâ von sult ir iuch sterken,
herzeliebiu kint, dar zuo,
swenne ich mîne rede tuo,
4355 daz ir hœrent ûf ein ort
mit hôhem vlîze mîniu wort
und merkent waz ich meine,
wande ich niht aleine
antwürten wil der vrâge doch:
4360 ich sol gemeinlîche noch
entsliezen al der werlte heil.
Adam durch hôher sünden teil
und ouch durch missewende
wart ûf diz ellende
4365 verstôzen ûz dem paradîs,
dâ von der arme in alle wîs
verdorben was ze rehte.
ouch wart menschlich geslehte
mit im allez dô verlorn.
4370 nû wart ze trôste im ûz erkorn
Abrehâm dar under,
der ez dô besunder

4358 herzeliebiu = herze liebe.

9*

ze gotes hulden brâhte wider
und daz verdienen kunde sider
4375 mit des gelouben stætekeit
daz diu verlorne menscheit
von sînem sâmen widerkam
und got von im den wuocher nam
daz er bejaget alle diet.
4380 nu dô got die liute schiet
und si geteilet wurden hie,
dô nam er an sich unde enpfie
Abrehâmes künne,
daz er dâ von gewünne
4385 schœn unde lobeliche vruht.
im brâhte wuocher mit genuht
sîn veterlicher sâme.
ez wart von Abrehâme
israhêlschiu diet geborn,
4390 die got im selben het erkorn
und im ze teile worden was.
dar nâch, als ich geschriben las,
wart diu selbe diet gesant
in künic Phâraônes lant
4395 und wart dar inne dienesthaft.
dâ lôste got mit sîner kraft
daz vil manicvalte her
und vuortez trocken über mer,
daz im arges dô niht war.
4400 den künic und die sîne schar
hiez er dâ versinken
und in dem wâge ertrinken
die wegen und die ritter sîn.
die gnâde tet den jüden schîn
4405 got, aller sælden urhap.
dar nâch er in ze meister gap

4377 sînem *G in Fußnote* = siner süne.   4380* Nu
= und.   4389 israhêlschiu = israelsche.   4403 wegen
Sch = wegne.

Môysem den werden,
bî dem er in ûf erden
die rehten ê dô sante.
4410 er lêrtes unde mante
mit bete beide und mit gebote
daz si dem ûz erwelten gote
zeim opfer alle bræhten sider
kelber, ohsen unde wider,
4415 böck unde turteltûben gnuoc.
nû sich diz dinc alsô getruoc
daz man gote brâhte
diz opfer, dô gedâhte
der leide tiuvel alzehant
4420 er wolt ouch in der heiden lant
bringen disen selben site
durch die schult daz er dâ mite
geswachen möhte gotes ê.
waz touc hie langer rede mê?
4425 in bestuont ouch der gelust
durch sîne grôzen unkust
daz er den abgöten sâ
bringen hiez zeim opfer dâ
schâf, kelber unde böcke vil.
4430 sus treip der tiuvel dâ sîn spil
und mahte lange sînen spot.
des erdrôz den wâren got,
und liez geboren werden
von der megde ûf erden
4435 ein lamp vil harte reine,
daz dô wart alters eine
mit willeclicher andâht
vür al die werlt zeim opfer brâht.
    Diz lamp daz was der wære Krist,
4440 den hie gebar ân argen list

4410 lêrtes *Sch* = lerte.   4413* zeim = ze.   bræhten
= brahten.   4423 möhte = mohten.   4424 langer = lange.

ein kiusche maget ûz erkorn,
durch daz wir alle widerborn
werden in dem toufe klâr.
er wart versuochet offenbâr,
4445 durch daz wir des geruochen
daz wir daz versuochen
des tiuvels überwinden.
er wolte sich lân binden
durch daz er ûz den banden
4450 der sünden und der schanden
uns erlôste mit gewalt.
er leit ouch spot vil manicvalt
durch die vuoge und den gelimpf
daz von uns aller tiuvel schimpf
4455 müg übersiget werden.
er wart dar umbe ûf erden
genidert und geswachet
daz wir dort gemachet
gewaltic würden unde hôch.
4460 daz man diu kleit im abe zôch,
daz leit er ouch, als ich iu sage,
durch daz der êrste nacketage
der von Adam uns erbet an,
verdecket würde an mangem man
4465 der gerne tuot den willen sîn.
im wart ein krône dürnîn
ûf geleit vil swære,
durch daz uns gar verbære
der êrste vluoch der dorne.
4470 sîn lîp der ûz erkorne
gevuoret wart mit gallen,
durch daz er möhte uns allen
daz rîche dort entsliezen,
dar inne man siht vliezen
4475 daz honic und die milch vür wâr.
er wart gegeben offenbâr

4449 er = wir.   4464* mangem = manigē (manigem *G*)·

zeim opfer an daz kriuze hêr,
dar umbe daz er iemer mêr
vertilgen möhte mit gewalt
4480 der liute sünde manicvalt.
    An dirre zît wart hin geleit
des tiuvels widerwertekeit,
der gotes opfer swachte
und im ze smâcheit machte.
4485 boc er gegen bocke alsô
und kalp engegen kalbe dô
bringen hiez die heidenschaft.
ez muoste dô sîns siges kraft
volleclîche erwinden,
4490 wand er niht mohte vinden
kein lamb alsô gebære
daz widerwertic wære
dem ûz erwelten lambe guot,
daz vür uns sîn reinez bluot
4495 gab an dem vrônen kriuze hêr.
Krist leit des grimmen tôdes sêr,
dar umbe daz er âne spot
den strengen tôt und sîn gebot
müest under im gevangen haben.
4500 dar nâch er schiere wart begraben,
dar umbe daz sîn heilic segen
der begrebde müeste pflegen,
diu sînen knehten hie geschiht.
ouch erstuont er, sô man giht,
4505 durch daz er müeste wider geben
ein stætez unde ein vrœlich leben
den tôten êweclîche.
er vuor ze himelrîche,

4481 dirre *Sch* = der.   4485* er = *fehlt*.   4486
engegen *H* = gegen.   4487* die = diu (*G in Fußnote*
hält für möglich er bringen hiez die heidenschaft).   4491*
gebære = gewære.   4499 Müest = mṻste.

durch daz uns wûrden ûf getân
4510 der himel tür ân argen wân
und dâ bî ganzer vröuden hort.
ze sînes vater zeswen dort
gewalteclichen sitzet er,
dar umbe daz er dâ gewer
4515 die heilgen alles des si biten.
er wil mit zornlichen siten
ze jungest anz gerihte komen,
dur daz er, als ich hân vernomen,
geb iegelichem, der dâ stât,
4520 den lôn den er verdienet hât.
    Diz ist der geloube klâr,
des wir dâ pflegen offenbâr
mit kristenlicher andâht,
und den unser veter brâht
4525 an uns hânt mit stæter pfliht.
jüd, unde dunket dich des niht
daz ich dir habe gnuoc geseit,
sô vrâge mêr, ich bin bereit
daz ich antwürte biete dir.'
4530 Zêleôn sprach: 'dû hâst mir
entslozzen al die vrâge mîn
sô wol daz ih dir jehende sîn
muoz der ganzen wârheit.
swaz dû zem êrsten hâst geseit,
4535 ze mittelst und ze leste,
daz ist sô rehte veste
mit redelichen worten
gemachet zallen orten
daz wir nû lange solten,
4540 ob wir genesen wolten,
an Jêsum Krist geloubet haben.
nû sîn wir leider sô begraben

4515* heilgen = heiligen, *vgl.* 2404.   4519 iegelichem
H = ieclichem.

in jüdeschlicher unkust
daz unser valscher muotgelust
4545 ie mit zwîvellicher maht
wider userm heile vaht.'
    Zambrî der zwelfte meister dô
sprach vil zornlîch alsô:
'mir ist leit (waz sol des mê?)
4550 daz unser veterlichen ê
zerstœren wil Silvester
und daz mit sînen worten er
der sinne uns wil berouben.
suln wir an den gelouben
4555 den unser alt geslehte
verdamnet hât mit rehte,
daz ist ein wunderlichiu nôt;
er leit von uns den strengen tôt
und was ein zouberære.
4560 dâ von dû, keiser mære,
solt hœren mîne stimme.
heiz einen pfarren grimme
vüeren unde bringen her,
daz ist mîn bete und ouch mîn ger,
4565 wan ich dar an erzeigen wil
kreft unde hôher tugende vil
des gewalteclichen gotes.
in dem namen sîns gebotes
sol ich bewæren grôziu dinc.
4570 ob ein pfarre in disen rinc
gevüeret wirt besunder,
ich lâze iuch sehen wunder,
daz ich an im erscheine.
mit rede niht aleine
4575 sol ich bewæren gotes kraft,
ich wil ouch sîne meisterschaft

4547* zwelfte = zwelfete.   4551 wil = wilt.   4553
uns = *fehlt.*   4572 iu = vch (iuch *H*).

mit werken an dem stiere
bezeigen harte schiere.'
   Der rede bôt im antwurt
4580 ein man vil edel von geburt,
der was genant Terentius.
er sprach gezogenlîche alsus:
'ich hân dort under mînem vihe
ze velde, des ich mich versihe,
4585 noch einen pfarren harte grôz,
den grimmekeite nie verdrôz.
er ist als übel unde als arc
und alsô gar unmâzen starc
daz man sô frechen nie gewan:
4590 vil harte kûme in hundert man
gevüerent, des bin ich sîn wer.'
und alse dô Silvester
gehôrte disiu mære,
dô bat der vil gewære
4595 den keiser Constantînen
daz er lieze erschînen
die tugent sîn dâ schiere
und nâch dem grimmen stiere
geruochte senden alzehant.
4600 sus wart der pfarre dô besant
vür den keiser ûf den sal.
dâ wart von kriege michel schal
vernomen in dem palas.
und dô der pfarre komen was,
4605 dô sprach der bâbest lobelich:
'Zambrî, sage an unde sprich
durch waz der pfarre sî gesuocht;
warumbe hâst dû des geruocht
daz er vür uns wart geholt?'
4610 'ervarn dû daz vil schiere solt,'

4584 versihe = versiche.   4588 alsô = als.   4603
Vernomen = vernvmen.

sprach der jüde bî der vrist.
'daz er vür uns komen ist,
des endarf ich mich niht schamen.
ich weiz einen gotes namen,
4615 der ist sô heilic und sô starc
daz dirre pfarre unmâzen arc
sîn ende kiesen muoz dervon.
hie vor dô wâren des gewon
unser veter alle
4620 daz si ze grôzem valle
daz vihe brâhten mit dem namen.
swenne si dem lobesamen
gote z'opfer solten geben
böck unde pfarren, als ir leben
4625 unde ir orden in gebôt,
sô leiten si daz vihe tôt
mit dem namen under in.
und als er im gerûnet hin
wart in sîn ôre stille,
4630 sô wart dâ gotes wille
gar offenlîche erzeiget:
gevellet und geveiget
wart daz vihe sâ zehant,
swenn im der name wart genant.
4635 Den selben namen heileclich
an dem vil strengen pfarren ich
bewæren und beziugen wil.
er hât sô hôher krefte vil
daz weder alter noch diu jugent
4640 mac gelîden sîne tugent,
wan swaz in hœret nennen,
daz muoz den tôt erkennen.'
Der bâbest sprach dô meines vrî:
'nû sage dû mir, Zambrî,

4611 jüde = *fehlt.* 4616 unmâzen *G in Fußnote*
= unmaze. 4629 ôre = oren.

4645 ân allez widerschernen:
    wie mohtestû gelernen
    den selben namen hœrende?
    sît daz sîn dôn ist stœrende
    daz leben liuten unde vihe,
4650 er muoste, des ich mich versihe,
    von dir gehœret werden
    ê daz er ûf der erden
    zem êrsten kæme in dînen munt.
    dâ von mich wundert bî der stunt
4655 daz dû niht erstürbe dô,
    sît disen mæren ist alsô:
    swem der name wirt genaut,
    daz der verliuset alzehant
    sîn leben und die kraft dâ bî.'
4660 'dû wænest,' sprach dô Zambrî,
    'und dunket des vil lîhte dich
    daz ich den namen heileclich
    hœrende gelernet habe.
    nein, des wânes tuo dich abe:
4665 kein gehœrde mac verdoln
    den namen heilic und verholn,
    ez sî vogel oder vihe.
    swem joch ich des namen vergihe,
    zehant sîn kraft dâ nider liget
4670 und hât der tôt an im gesiget.'
    Der bâbest sprach im aber zuo:
    'uns allen kunt mit rede tuo
    wie von dir ûf erden
    gelernet möhte werden
4675 âne hœren dirre name.'
    'nein', sprach der gar unlobsame,
    'ich ensage dir niht sîn.
    dû solt der tougenheite mîn

4668* swem = swenne (swenn *G*).   4675* hœren
= gehœren.   **4676** unlobesame *H* = unlobsame.   **4678**
tougenheite = tugentheite.

niht ervaren, sît dû bist
4680 der jüden vîent alle vrist.'
    Der rede bôt im antwurt
der keiser edel von geburt.
'ich wæne', sprach er, 'zwâre nû
daz den selben namen dû
4685 lesende gelernet habest,
mit des kreften dû begrabest
unde ersterbest swaz dû wilt.'
'nein', sprach er, 'elliu dinc bevilt
der tugende sîn ze tragenne.
4690 ich hân dir vil ze sagenne
von dem namen reine.
enweder holz noch steine
mügen in gelîden,
si müezen in vermîden,
4695 daz er niht wirt geschriben dran;
kein permint ouch verdulden kan
daz er dar an geschriben sî.
er wirt ouch sînes lebens vrî
der in beginnet schrîben:
4700 er muoz dâ von belîben
tôt ân allen zwîvel gar.
ist aber daz der name dar
wirt geschriben von geschiht,
sôn belîbet er doch niht:
4705 er wird vertilget alzehant.'
der keiser, Constantîn genant,
sprach aber dô mit hôher zuht:
'einvalteclîche ân alle vluht
entsliuz uns unde sage uns hie
4710 mit welhen vuogen oder wie
der name dich gelêret sî.'
'diz tuon ich', sprach dô Zambrî,

4679* ervaren = ervarn.   4680 vîent = vigint.   4693
Mügen = mv̊gent.   4704 Sôn belîbet *Sch* = so entlibet.
4708 vluht *Sch* = unzuht.   4710 vuogen = fv̊gen.

'vernim vil rehte waz ich sage.
ich muoste vasten siben tage
4715 ê man den namen lêrte mich,
ouch hæte dô der meister sich,
der mich lêrte, wol bereit.
sîn kunst diu wart an mich geleit
sunder rede und âne zaln.
4720 er nam von silber eine schaln,
diu nie gebrûchet wart vür wâr,
drîn gôz er eines brunnen klâr
und tet dar über sînen segen.
er bat sîn got von himel pflegen
4725 und schreip dô mit dem vinger sîn
an die schalen silberîn
und in daz wazzer buochstaben,
die der name solte haben,
den ich lernen wolte dô.
4730 mit disen dingen unde alsô
die schrift ich mit den ougen sach.
kein wort ich mit dem munde sprach
und dâhte mit dem sinne,
biz ich gevienc dar inne
4735 den namen heilic unde guot.
ich leite in vaste in mînen muot,
in dem er noch versigelt lît.
von prîme unz an die vesperzît
saz ich denkend alle wege,
4740 sô daz ich in mîns herzen pflege
den namen edel unde grôz
dannoch vil kûme dâ geslôz.'
    Alsô beschiet dô Zambrî
den keiser missewende vrî
4745 wie sîn herze an sich gezôch
den namen heilic unde hôch

4718 diu *H = fehlt.* 4722 Drîn = dar in. 4726
schalen *H* = schaln. 4738 Von prîme = von der pr.

bî dem êrsten mâle.
waz touc hie langiu twâle
und üppeclichiu teidinc?
4750 der pfarre der wart in den rinc
gevüeret dô mit seilen.
vrechen unde geilen
sach man den engestlichen stier.
ez wart nie keiner hande tier
4755 daz sô grimme wære:
wol hundert ritter mære,
als ich dâ vorne hân geseit,
michel nôt und arbeit
liten an den stunden,
4760 ê daz er gebunden
von in würde mit gewalt.
sîn ungebærde manicvalt
wart in deme kreize wît:
er schrei vil lûte bî der zît
4765 und was vil egebære.
Zambrî der zouberære
sprach zuo dem bâbest ûz genomen
'nû sol man ûf ein ende komen
der valschen prüevunge dîn;
4770 der sic der muoz verirret sîn,
des âne reht dir wart verjehen.
ich sol dich hiute lâzen sehen
die tugent mînes werden gotes.
mit der helfe sîns gebotes
4775 kan ich den pfarren wol gezamen,
wan ich rûne im sînen namen
in der ôren einez nû.
dâ wider Kristes namen dû
rûn im inz ander ôre dar.
4780 hier an man schiere wirt gewar

4748 langiu = lange. 4752 Vrechen *H* = frech. 4756
ritter = ritere. 4763 Wart (*Sch*) in deme (*H, Sch*) = warte
(werte *G*) in dem. 4767 f. ûz genomen : komen = vfgenum̄ :
kvmen. 4771 Des = das. 4776 im = in.

weders kraft hie dringet vür.
swie man an Kristes namen spür
die tugent daz er sterker sî,
sô werde im hie gestanden bî
4785 von den liuten allen
und muoz ich sîn gevallen
in vil schemlichen spot.
ist aber daz mîn werder got
und ouch sîn name alhie gesige,
4790 sô günnest mir daz ich gelige
volleclichen in dem lobe
und ich dir müeze sweben obe
an künstlicher meisterschaft.
sweders name tuo mit kraft
4795 sterben den vil grimmen stier
unde ertœte alhie diz tier,
den ane beten alle die
die gegenwertic sind alhie.'
      Der rede erschrac diu kristenheit:
4800 si was ir âne mâzen leit
und dûhte si vil strenge.
der kristen anegenge
sich êrst erhaben hæte,
dâ von si niht sô stæte
4805 an dem gelouben wâren,
sine müesten dô gebâren
zwîvellichen under in.
versuochet wart ir blœder sin
von dem tiufel unde ir muot.
4810 der bâbest heilic unde guot
stuont aber âne vorhte,
dô der gar verworhte
jüde warf die rede vür.
im wart nâch sines herzen kür

4815 erloubet unde erteilet sâ
     daz er bewæren solte dâ
     swaz er gelobet hæte.
     man hiez in daz er tæte
     mit dem pfarren sînen muot
4820 und daz er den namen guot
     rûnte im in sîn ôre dar.
     der rede wart er sorgen bar
     und gie dar nâher alzehant.
     den namen vremde und unbekant
4825 rûnt er im in daz ôre sîn,
     dar an sô wart vil harte schîn
     grôz zouber, daz er kunde.
     der pfarre dô begunde
     grisgrammen unde lüejen
4830 und al die liute müejen
     mit sîner vrechen stimme.
     sîn ougen im von grimme
     sprungen ûz dem kopfe dô.
     mit disen dingen unde alsô
4835 in den sal er nider viel,
     er tet ûf sînen wîten giel
     und warf her ûz die zungen.
     alsus wart er betwungen
     daz im enzwei daz herze spielt
4840 und er des grimmen tôdes wielt.
          Nû diz dinc alsô geschach
     daz man den pfarren tôt gesach,
     dô sprungen ûf mit schalle
     die leiden jüde alle
4845 und erhuoben grôz gebrehte.
     ûz dem gotes knehte
     mahten si vil starken schimpf:
     sô michel wart sîn ungelimpf

4844* leiden = leide.   4845 und erhuoben = hs. (und
huoben H, Sch).

Konrad v. Würzburg, Die Legenden I.   10

daz man vernam daz wunder nie.
4850 ouch wâren sumeliche hie
die murmelen begunden
und in berespen kunden
tougen in ir muote.
dar umbe der vil guote
4855 bâbest niht verzagete:
sîn leit er gote klagete
und bat vil tiure Jêsum Krist
daz er geruochte im an der vrist
trôst unde helfe senden.
4860 dar nâch begunde er wenden
ze keiser Constantîne sich
und bat den herren lobelich
daz er gebůte ein swîgen dâ.
diz tet der edel künic sâ
4865 mit willeclichem muote:
der sælig und der guote
begunde stillen über al
der jüden ungevüegen schal.
    Nû diz gebrehte dâ gelac
4870 des dâ vil manic jüde pflac,
der bâbest dô vil schiere trat
vür sich an eine bœher stat,
dâ man daz volc wol übersach.
zen liuten allen er dô sprach:
4875 'ir herren algelîche,
beidiu arme und rîche,
geruochent bœren mîniu wort,
wand ich iu ganzer sælden hort
entsliuze und ouch durgründe.
4880 ich predig unde künde
Jêsum Krist den werden
und üebe den ûf erden

_____

4850* sumeliche = sume cristen.   4870 dâ = do.
4874 dô = da.   4876 Beidiu _H_ = beide.   4882 den
Sch = den got.

der manges blinden ougen
gesehend âne lougen
4885 gemachet hât mit sîner kraft
und der mit sîner meisterschaft
den stummen gab ir sprâche wider;
er hât den lamen schône ir lider
gesunt gemachet unde sleht.
4890 ich bin des edeln gotes kneht,
der mit sîme trôste
von dem tiuvel lôste
mangen lîp besezzen.
ich hân des unvergezzen
4895 daz er vil wunder schicket.
vil tôten ist erquicket
in dem vil süezen namen sîn.
hier an sô wirt vil harte schîn
daz der name eins tiuvels ist,
4900 von des kraft bî dirre vrist
der stier verloren hât sîn leben.
wirt im daz wider niht gegeben
von dîner helfe nû zehant,
sô hât der leide vâlant
4905 gemachet hie sîn gougelspil.
vür wâr ich dir daz sagen wil:
er ist ein vînt des heiles
und aller sælden teiles
swer lebendez dinc ertœten kan
4910 und die tugent nie gewan
daz er die tôten sache
lebende wider mache.'
Dô Zambrî dise rede vernam,
dô wart sîn zorn vil vreissam
4915 und sîn gebærde tobelîch.
sîn gewant vil harte rîch

4899 daz = hs. (*G in fußnote vermutet* daz ez). 4901
verloren *H* = verlorn. 4907 vînt = vigent. 4911 er
= *fehlt.* 4914 vil *H* = *fehlt.* 4916 Sîn = und sin
(daz sîn *Sch*).

begunde er ab im schrenzen
und sîne wât engenzen
vor leide und ouch vor zorne.
4920 'mich sol der hôchgeborne
keiser hœren', sprach er dô,
'ez ist ergangen hiute alsô
und hât diu zît gevüeget sich
daz ich mit werken lobelich
4925 den bâbest überwunden hân,
den niemen kunde sunder wân
mit worten überwinden.
dâ von geruoche uns vinden
der keiser hie daz urteil
4930 und müeze uns vüegen durch sîn heil
daz der bâbest nû gedage
unde ein wort niht mêre sage,
wand er ze rehte swîgen sol.
ir wizzent unde erkennent wol
4935 daz werc sint bezzer danne wort.
ich hân gesiget ûf ein ort
mit werken an der rede sîn.
des sol der künic Constantîn
niht mê lân sprechen disen man,
4940 wand er alsô vil reden kan
daz er in kurzen stunden
hât niuwe sprüche vunden,
die gotes lop betrüebent
und daz wunder üebent,
4945 daz geswachet unser ê
muoz lîhte werden iemer mê.'
    Antwürte gap der bâbest im.
'jüde', sprach er, 'nû vernim
von dîner schrift die wârheit.
4950 got selbe an dînen buochen seit

4930* durch = dur.   4937 werken *Sch* = werke.

er tœte eht unde mache
lebend alle sache,
er slahes unde heile wol.
sît er nû tugend ist sô vol
4955 daz er tôt unde leben
beide mac vil wol gegeben,
sô lâz uns alle werden schîn
daz in deme namen sîn
erstorben sî der grimme stier
4960 und daz vil angestliche tier
der tiuvel habe ertœtet niht.
swie man daz hœret unde siht
daz dû wider maht gegeben
dem ohsen ein gesundez leben,
4965 zehant dû des geniezen muost.
ob dû des aber niht entuost,
sô wirt erzeiget offenbâr
daz dich der tiuvel hie vür wâr
hât in sîner klouber
4970 und daz von dîme zouber
der ohse lît verderbet.
ob in habe ersterbet
des vil werden gotes name,
sô mache in ouch ân alle schame
4975 in sîmė namen lebende
und von dem tôde strebende,
den im der name hât gegeben.
rûne im ein gesundez leben
in daz ander ôre nû,
4980 sît daz im in daz eine dû
den veigen tôt gerûnet habest.
swie dû mit dîner helfe labest
den pfarren sô daz er geniset,
dîn orden ziuhet unde liset

4951 *eht = fehlt.   4953 *slahes = slahe (slahe
wunt H).   4956 gegeben H, Sch = geben.   4983 sô H
= fehlt (Sch schiebt wol nach er ein).

4985 an sich benamen alle die
　　　die stânt an deme ringe hie.'
　　　　Zambrî wart der rede unvrô,
　　　ze Constantîne sprach er dô:
　　　'keiser milte und unverzaget,
4990 diz hân ich dir hie vor gesaget
　　　daz der bâbest rederîch
　　　mit worten überwundenlîch
　　　mac werden harte kûme.
　　　dâ von dû dich niht sûme:
4995 heiz in swîgen sunder haz
　　　und mit werken eteswaz
　　　erzeigen unde bringen vür,
　　　dar an man gotes tugent spür
　　　und sîne götliche kraft.
5000 waz hilfet daz er redehaft
　　　kan wesen mit dem munde,
　　　ob er an dirre stunde
　　　niht lobelicher werke tuot?'
　　　antwürte gap der künic guot
5005 dem jüden arc und engestlich.
　　　er sprach: 'der dinge wundert mich,
　　　daz dû zwîvel hâst hier an
　　　daz dirre sældenrîche man
　　　und al sîn kunst dar zuo niht tüge
5010 daz er diu dinc bewæren müge
　　　der sich vermezzen hât sîn munt.
　　　dû spræche doch bî dirre stunt
　　　daz er swîge ân allen haz
　　　und mit den werken eteswaz
5015 lobeliches tæte.
　　　nû wil der herre stæte
　　　dem willen dîn zeim ende komen,
　　　wande er hât an sich genomen

4985 benamen = binamen.　　　4986 *stânt .. deme
= stent .. dem.　　　4992 überwundenlich = vbirfundenlich.
4999 sîne götliche G in fußnote = siner götlicher.　　　5017f.
komen : genomen = kvmē : genvmen.

daz er wunder stelle
5020 unde er tuon daz welle
des dû dich an niht nemen wilt
und des sô vaste dich bevilt
daz ich dich selben hœre jehen
ez enmüge niht von dir geschehen.
5025 Und swie diz wunder hie geschiht
daz man den pfarren lebende siht,
sô wirt erzeiget hie vür wâr
daz im der tiuvel offenbâr
hât den grimmen tôt gegeben,
5030 sît er im ein gesundez leben
niht wider mac gemachen.
ob Krist ûz tôten sachen
machet lebelichiu dinc,
daz ist der sælden ursprinc,
5035 und wirt dar an bewæret wol
daz man in gar billîche sol
êren hie vür einen got,
des gewalt und des gebot
himel, mer und erden
5040 und elliu dinc hiez werden.'
Nû disiu rede ein ende nam,
Zambrî der jüde vreissam
mit hôher sicherheite sâ
gelobte deme keiser dâ
5045 swie daz geschehen künde
daz leben dâ begünde
der tôte pfarre bî der vrist,
sô daz in lebende machte Krist,
die jüden liezen alle ir ê
5050 und würden al (waz sol des mê?)
geloubic an den hêren touf,
durch daz si ganzer sælden kouf

5023 selben hœre = selbe hôrē.   5043 sicherheite
= sicherheit.   5044* gelobte deme = gelobte dem (ge-
lobete dem Sch).

       möhten vinden alle vart.
       nû daz alsus gelobet wart,
5055 dô begunde vallen hie
       der bâbest nider ûf diu knie
       und tet ze gote sîn gebet.
       er warf, als er dô willen het,
       sîn edeln klâren ougen
5060 ze himel ûf vil tougen
       und sprach alsus dâ bî der vrist:
       'got herre, tugentrîcher Krist,
       ich wil hiute und iemer dîn
       zeime gote jehende sîn
5065 vor al´ den liuten offenbâr,
       dur daz si wizzen hie vür wâr
       daz ich in dîme süezen namen
       den argen und den vreissamen
       ohsen mache lebende,
5070 der in dem tôde swebende
       wart von deme tiuvel nû.
       dar umbe solt erhœren dû
       mich vil armen dînen kneht,
       wand ez ist billich unde reht
5075 daz dû mit hôher meisterschaft
       dîner ganzen tugende kraft
       machest michel unde wît.
       der tac ist komen und diu zît
       daz dîn name ûf erden
5080 goffenbæret werden
       mac vor den liuten allen.
       ez ist alsô gevallen,
       swie dû niht dîne tugent begâst
       und disen ohsen leben lâst,
5085 daz man versmâhet dînen prîs.
       dâ von dû vüege in alle wîs

   5057f. gebet : het = gebete : hete.   5071 deme *Sch*
= dem, *ebenso* 5101.

daz dirre tôte pfarre ûf stê
und lebendic von hinnen gê:
sô wirt dîn lob erhœhet gar.'
5090 sus gie der bâbest sünden bar
zuo dem ohsen grimme
und sprach mit lûter stimme:
'Stânt ûf in Jêsu Kristes namen
des süezen und des lobesamen,
5095 der von der jüden râte
hie vor under Pilâte
an daz kriuze wart geslagen
und âne schulde hât getragen
streng unde marterliche nôt.
5100 swie dû sîst gelegen tôt,
sô lebe in deme namen sîn.
ganc zuo dem vihe ân allen pîn,
dâ von dû her gevüeret sîst.
entwîch der stete, dâ dû lîst,
5105 und lâ dich sehen wol gesunt,
alsô daz dich bî dirre stunt
nieman hie wirsen müeze nû
und daz niemen künnest dû
gewirsen noch versêren.
5110 dû solt von hinnen kêren
ân alle missewende
und leben ûf daz ende,
daz dir von Kriste gordent sî.'
ûf stuont der ohse leides vrî,
5115 mitteclichen als ein schâf,
daz hât genomen einen slâf
und drûz vil sanfte erwachet ist.
der bâbest heilic an der vrist

5093 in *Sch* = en.   5096 *G in fußnote will entweder*
hie vor *streichen oder* von *statt* under *lesen.*   5107 wirsen
= wrzsen.   5108 künnest = kvnnest.   5113*/gordent
= geordent.   5117 sanfte = senfte. erwachet *Sch* = er-
wechit.

gie dar nâher alzehant,
5120 er lôste im elliu sîniu bant
und hiez im machen einen rûm.
sus gie der ohse ân allen sûm
ûz der stat vil schiere sider
und îlte zuo dem vihe wider,
5125 dâ von er dar gevüeret wart,
sô daz er ûf der selben vart
nie geleit kein ungemach.
nû diz wunder dâ geschach
und die jüden sâhen daz,
5130 dô wart ir ungevüeger haz
gestillet wider Jêsum Krist.
si vielen alle bî der vrist
ze vüezen dâ Silvestrô
und bâten in gemeine dô
5135 daz er genâde in tæte
und got von himel bæte
daz in niht arges würre.
an dem gelouben dürre
ir herze was dâ vor gesîn,
5140 daz hæte in unser trehtîn
mit sîme touwe erviuhtet;
ez wart dâ schône erliuhtet
mit sîme geiste reine.
si wurden al gemeine
5145 an Jêsum Krist geloubende
und wâren harte roubende
den tiuvel sîner vröude alsô.
diu keiserîn Helêne dô,
diu Constantînes muoter was,
5150 wart als ein liehtez spiegelglas
vor valsche lûter gegen gote,
si wolte gerne sîme gebote
iemer undertænic wesen.
vür den bâbest ûz erlesen

5155 viel si zuo der erden nider:
si kuste im hend unde lider
und bat in vlîzeclîche sâ
daz er si geruochte dâ
bekêren unde toufen
5160 und er si lieze koufen
in dem paradîse dort
der sælden und der vröuden hort.
　Mit disen dingen unde alsô
hete an sich vil liute dô
5165 der süeze Krist gewunnen;
von starker riuwe enbrunnen
si wâren sam die kerzen.
swaz volkes in dem merzen
wart bekêret an der zît,
5170 daz wart getoufet allez sît
in der ôsterwochen.
ze Rôme wart gesprochen
êr unde lop dem werden gote.
ez lebte dô nâch sîme gebote
5175 vil manger, der sich toufte
und êweclichen koufte
daz vrône paradîse.
der heilig und der wîse
bâbest hæte alsô gevarn
5180 daz vil manger muoter barn
geloubic wart an Jêsum Krist.
er machte bî der selben vrist
den namen sîn vil harte breit.
waz touc hie lange von geseit?
5185 der rede sol ein ende wesen.
swer diz getihte hœre lesen,
der sî mit ganzer stæte kraft
iemer gerne diensthaft
Silvestrô dem vil werden
5190 und êre in ûf der erden

5156* hend unde = hende unde (hende füeze *Sch*).

mit lûterlicher andâht.
ich bin des ûf ein ende brâht,
swer hie sîn kneht mit triuwen ist,
daz im der reine süeze Krist
5195 dort niemer ungedanket lât,
wand im alsô gedienet hât
der bâbest heilic unde guot
daz er êweclichen tuot
allez des er ruochet.
5200 swer sîne helfe suochet,
den triuget weizgot niht der alp:
im wirt gelônet beidenthalp
an lîbe und an der sêle dort;
er mac vil ganzer sælden hort
5205 besitzen ûf der erden
und sol ze himel werden
in stæten vröuden vunden.
dar umbe ich zallen stunden
wil râten stille und überlût
5210 daz man den werden gotes trût
mit ganzen triuwen êre
und man des wünsche sêre
Liutolde dâ von Rœtelein
daz im der vröuden honicsein
5215 zuo lange müeze sîgen
und daz er künne stîgen
ze himel ûf der sælden berc,
wand er gevrumet hât diz werc
mit bete beide und mit gebote
5220 ze prîse dem vil werden gote,
der sunder ende und âne zil
rîhsen unde leben wil.

5194* im = in.   5199 Allez des = allis das.   5201
triuget *Sch nach Benecke* = truget (drücket *G*).   5203 sêle
= selen.   5214* honicsein = honicseim.   5216 er = *fehlt.*
künne = kvnne.

www.ingramcontent.com/pod-product-compliance
Lightning Source LLC
Chambersburg PA
CBHW061524020726
47502CB00006B/2223